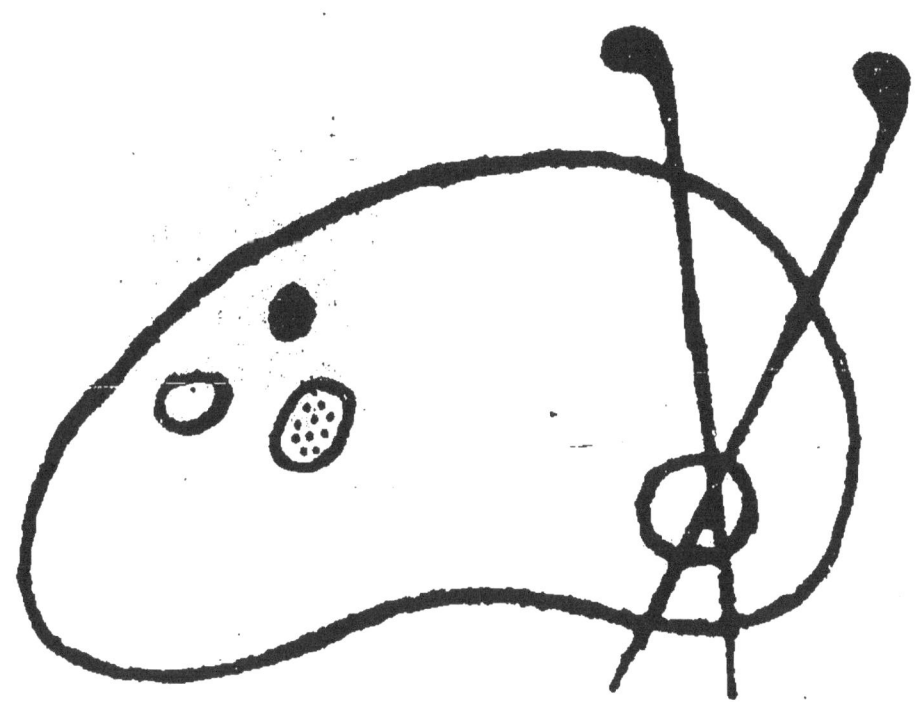

Début d'une série de documents
en couleur

ALPHONSE ALLAIS

(ŒUVRES ANTHUMES)

Le Parapluie

de l'Escouade

PARIS
PAUL OLLENDORFF, ÉDITEUR
28 bis, RUE DE RICHELIEU, 28 bis.

1893

Tous droits réservés.

LIBRAIRIE PAUL OLLENDORFF
28 bis, Rue de Richelieu, Paris

Collection grand in-18 à 3 fr. 50 le volume.

ALLAIS (Alphonse). — A se tordre.
BERGERAT (Emile). — Le Faublas malgré lui. — Le Viol. — Le Petit Moreau.
BONNIÈRES (Robert de). — Mémoires d'Aujourd'hui (1re, 2e et 3e séries). — Les Monach. — Jeanne Avril. — Le Baiser de Maïna. — Le petit Margemont. Contes à la Reine.
CAHU (Théodore). — Chez les Allemands. — Petits Potins militaires. — Pardonnée? — Second Mariage. — Un Cœur de Père. — Georges et Marguerite.
CAPUS (Alfred). — Qui perd gagne. — Faux Départ.
CARETTE (Mme A.). — Souvenirs intimes de la Cour des Tuileries (1re, 2e et 3e sér.).
CAROL (Jean). — L'Honneur est sauf. (Ouvr. cour. par l'Académie française). — Le Portrait — Réparation.
CASE (Jules). — La Petite Zette. — Une Bourgeoise. — La Fille à Blanchard. — Bonnet Rouge. — Ame en Peine. — L'Amour artificiel. — Un jeune Ménage. — Promesses.
CATULLE MENDÈS. — Les Boudoirs de Verre. — Pour les Belles Personnes. — L'Envers des Feuilles. La Princesse nue. — Pour dire devant le monde. — Nouveaux Contes de Jadis.
DELPIT (Albert). — Le Fils de Coralie. — La Marquise. — Le Père de Martial. — Les Amours cruelles. — Solange de Croix-Saint-Luc. — Mlle de Bressier. — Thérésine. — Disparu. — Passionnément. — Comme dans la Vie. — Toutes les deux. — Belle-Madame.
DROZ (Gustave). — Autour d'une Source. — Babolain. — Le Cahier bleu de Mademoiselle Cibot. — L'Enfant Entre nous. — Les Étangs. - Monsieur, Madame et Bébé. — Tristesses et Sourires. — Une femme gênante. — Un Paquet de lettres.
DROZ (Paul). — Lettres d'un Dragon. (Ouvr. couronné par l'Acad. française.).
FOUCHER (Paul). — Le Droit de l'Amant. — Monsieur Bienaimé. — «Fin Papa,...»
GANDILLOT (Léon). — Les Filles de Jean de Nivelle. — Bonheur à quatre. — De Fil en Aiguille. — Le Pardon.
GAULOT (Paul). — Mlle de Poncin. — Le Mariage de Jules Lavernat. — L'Illustre Casaubon. — Un Complot sous la Terreur. (Ouvr. cour. par l'Aca. française.) — La Vérité sur l'expédition du Mexique, 3 vol. (Ouvr. cour. par l'Acad française.) — Un Ami de la Reine.
HERMANT (Abel). — Les confidences d'une aïeule.
HÉRISSON (Cte d'). — Journal d'un Officier d'ordonnance. — Journal d'un Interprète en Chine. — Nouveau Journal d'un Officier d'ordonnance. — Journal de la Campagne d'Italie. — Un Drame royal. — Le Prince Impérial. — Les Girouettes Politiques.

LOCKROY (Ed.). — Ahmed le Boucher. — Une Mission en Vendée, 1793.
MAËL (Pierre). — Mer Sauvage. — Charité. — Le Torpilleur 29. — L'Alcyone. — La Double Vue. — Gaîtés de bord. — Solitude. — Pilleur d'Epaves.
MAIRET (Jeanne). — Charge d'âme. — Inséparables.
MAIZEROY (René). — Bébé Million. — La Belle. — Cas passionnels.
MAUPASSANT (Guy de). — Les Sœurs Rondoli. — Monsieur Parent. — Le Horla. — Pierre et Jean. — Clair de Lune. — La Main gauche. — Fort comme la mort. — La Vie errante. — Notre Cœur. — La Maison Tellier. — Mlle FiFi. — Une Vie. — La Paix du Ménage.
MIRBEAU (Octave). — Le Calvaire. — L'Abbé Jules.
MONTJOYEUX. — Les Femmes de Paris.
OHNET (G.). — Serge Panine. (Ouvr. cour. par l'Acad. française). — Le Maître de Forges. — La comtesse Sarah. — Lise Fleuron. — La Grande Marnière. — Les Dames de Croix-Mort. — Noir et Rose. — Volonté. — Le Docteur Rameau. — Dernier Amour. — L'Ame de Pierre. — Dette de Haine. — Nemrod et Cie. — Le Lendemain des Amours.
OSWALD (François). — Jeu Mortel. — Le Trésor des Bacquancourt. — Mam'zelle Quinquina.
PENE (Henry de). — Trop Belle. (Ouvr. couronné par l'Académie française.) — Née Michon. — Demi-Crimes.
PERRET (Paul). — Sœur Sainte-Agnès. — Les Filles Mauvoisin. — L'Amour et la Guerre
RAMEAU (Jean). — Fantasmagories. — Le Satyre. — Possédée d'amour. — Simple. — L'Amour d'Annette. — La Mascarade.
RENARD (Jules). — L'Ecornifleur.
RZEWUSKI (Cte St.). — Alfrédine. — Le Doute. — Le Justicier.
SARCEY. — Le Mot et la Chose. — Souvenirs de Jeunesse. — Souvenirs d'Age mûr.
SILVESTRE (Armand). — Les Farces de mon ami Jacques. — Les Malheurs du Commandant Laripète. — Les Veillées de Saint-Pantaléon.
THEURIET (André). — La Maison des Deux Barbeaux. — Les Mauvais Ménages. — Sauvageonne. — Michel Verneuil. — Eusèbe Dombard. — Au Paradis des Enfants.
UCHARD (Mario). — Mon Oncle Barbassou. — Joconde Berthier. — Mademoiselle Blaisot. — Inès Parker. — La Buveuse de Perles — L'Etoile de Jean. — Antoinette ma Cousine.
VAUDÈRE (J. de la). — L'Eternelle Chanson. — Minuit. — Évocation.

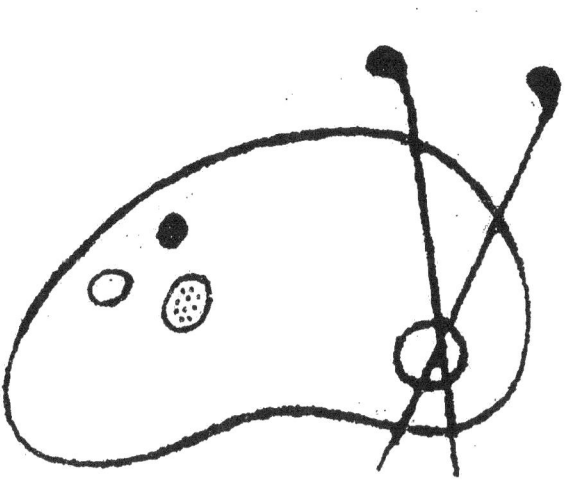

Fin d'une série de documents en couleur

L'ex. de Dépôt légal trop abîmé a été envoyé aux Doubles.

Le Parapluie de l'Escouade

8° Y² 48178   Ex. de remplacement

DU MÊME AUTEUR

LA NUIT BLANCHE D'UN HUSSARD ROUGE, monologue, illustrations de CARAN D'ACHE.

UNE IDÉE LUMINEUSE, monologue, couverture de Georges Auriol.

UN MÉCONTENT, monologue.

LE PAUVRE BOUGRE ET LE BON GÉNIE, monologue comique, illustrations d'HENRY SOMM.

A SE TORDRE, histoires chatnoiresques. 1 volume.

Tous droits de reproduction et de traduction réservés, pour tous les pays, y compris la Suède et la Norwège. — S'adresser, pour traiter, à M. PAUL OLLENDORFF, Éditeur, rue de Richelieu, 28 bis, Paris.

ALPHONSE ALLAIS

(ŒUVRES ANTHUMES)

Le Parapluie
de l'Escouade

PARIS
PAUL OLLENDORFF, ÉDITEUR
28 bis, RUE DE RICHELIEU, 28 bis.

1893

Tous droits réservés.

A

LÉON GANDILLOT

PRÉFACE

J'ai intitulé ce livre LE PARAPLUIE DE L'ESCOUADE pour deux raisons que je demande, au lecteur, la permission d'égrener devant lui.

1° Il n'est sujet, dans mon volume, de parapluie d'aucune espèce ;

2° La question si importante de l'escouade, considérée comme unité de combat, n'y est même pas effleurée.

Dans ces conditions-là, toute hésitation eut constitué un acte de folie furieuse : aussi ne balançai-je point une seconde.

J'ai la ferme espérance que cette loyale explication me procurera l'estime des foules et que ces dernières achèteront, par ballots, LE PARAPLUIE DE L'ESCOUADE, *tant pour leur consommation propre que pour envoyer à leurs amis de la République-Argentine.*

L'AUTEUR.

LE PARAPLUIE

DE L'ESCOUADE

COMME LES AUTRES

La petite Madeleine Bastye eût été la plus exquise des jeunes femmes de son siècle, sans la fâcheuse tendance qu'elle avait à tromper ses amants avec d'autres hommes, pour un oui, pour un non, parfois même pour ni oui ni non.

Au moment où commence ce récit, son

amant était un excellent garçon nommé Jean Passe (de la maison Jean Passe et Desmeilleurs).

Un brave cœur que ce Jean Passe et, disons-le tout de suite, l'honneur du commerce parisien.

Et puis, il aimait tant sa petite Madeleine !

La première fois que Madeleine trompa Jean, Jean dit à Madeleine :

— Pourquoi m'as-tu trompé avec cet homme ?

— Parce qu'il est beau ! répondit Madeleine.

— Bon ! grommela Jean.

Toute-puissance de l'amour ! Irrésistibilité du vouloir ! Quand Jean rentra, le soir, il était transfiguré et si beau que l'archange saint Michel eût semblé, près de lui, un vilain pou.

La deuxième fois que Madeleine trompa Jean, Jean dit à Madeleine :

— Pourquoi m'as-tu trompé avec cet homme ?

— Parce qu'il est riche ! répondit Madeleine.

— Bon ! grommela Jean.

Et dans la journée, Jean inventa un procédé permettant, avec une main-d'œuvre insignifiante, de transformer le crottin de cheval en peluche mauve.

Les Américains se disputèrent son brevet à coups de dollars, et même d'*eagles* (l'*eagle* est une pièce d'or américaine qui vaut 20 dollars. A l'heure qu'il est, l'*eagle* représente exactement 104 fr. 30 de notre monnaie).

La troisième fois que Madeleine trompa Jean, Jean dit à Madeleine :

— Pourquoi m'as-tu trompé avec cet homme ?

— Parce qu'il est rigolo ! répondit Madeleine.

— Bon ! grommela Jean.

Et il se dirigea vers la librairie Ollendorff, où il acheta *A se tordre*, l'exquis volume de notre sympathique confrère Alphonse Allais.

Il lut, relut ce livre véritablement unique, et s'en imprégna tant et si bien que Madeleine faillit trépasser de rire dans la nuit.

La quatrième fois que Madeleine trompa Jean, Jean dit à Madeleine :

— Pourquoi m'as-tu trompé avec cet homme ?

— Ah !... voilà ! répondit Madeleine.

Et de drôles de lueurs s'allumaient dans

les petits yeux de Madeleine. Jean comprit et grommela : Bon !

. . . .

Je regrette vivement que cette histoire ne soit pas pornographique, car j'ai comme une idée que le lecteur ne s'ennuierait pas au récit de ce que fit Jean.

. . . .

La cinquième fois que Madeleine trompa Jean...

Ah ! zut !

La onze cent quatorzième fois que Madeleine trompa Jean, Jean dit à Madeleine :

— Pourquoi m'as-tu trompé avec cet homme ?

— Parce que c'est un assassin ! répondit Madeleine.

— Bon ! grommela Jean.

Et Jean tua Madeleine.

Ce fut à peu près vers cette époque que Madeleine perdit l'habitude de tromper Jean.

LA QUESTION SOCIALE

Je ne fus pas peu surpris — l'avouerai-je ? — en recevant, hier soir, un petit mot de M. Carnot m'invitant à passer à l'Elysée le plus tôt possible. « Communication urgente », ajoutait le billet.

Mes rapports avec M. Carnot, très cordiaux dans le début de sa vie politique, se sont considérablement rafraîchis par la suite, d'abord après cette regrettable scène du Moulin-Rouge demeurée présente à tous les esprits, ensuite à cause de l'étrange parti pris que mit M. Carnot à m'éloigner de toutes les combinaisons ministérielles. (Je me suis expliqué sur cette question, ici même, voilà tantôt deux mois.)

Quoi qu'il en fût, je n'hésitai pas à me rendre à l'appel du président. Peut-être y allait-il du salut de l'Etat.

Tout de suite, M. Carnot se précipita sur mes mains, qu'il serra très fort en m'appelant son cher Alphonse. Puis, il me demanda ce que je *prenais*.

— Un verre d'eau sucrée avec un peu de fleur d'oranger, fut ma réponse.

(Je ne bois jamais autre chose et m'en trouve fort bien.)

— Mais ce n'est pas tout ça, reprit vivement le chef de l'Etat, je ne vous ai pas fait venir pour des prunes. Nous sommes très embêtés, en ce moment, avec la question sociale. Je connais votre ingéniosité presque fabuleuse ; avez-vous une solution pour la question sociale ?

— Enfant, répondis-je avec un doux sourire, n'ai-je point solution à tout !

— Je bois vos paroles.

— Laissez-moi, mon cher Sadi, comparer la société à une échelle.

Une nuance d'étonnement passa sur le visage du petit-fils de l'organisateur de la victoire.

— Une échelle, poursuivis-je, se compose généralement de deux montants et d'un nombre d'échelons ou barreaux variant avec la longueur de l'instrument.

Les échelons parallèles entre eux s'enchâssent perpendiculairement dans la face interne des montants. D'ailleurs, ne savez-vous pas toutes ces choses aussi bien que moi, vous, l'orgueil de Polytechnique ?

M. Carnot s'inclina.

— Quand un certain nombre de personnes sont appelées (ou est appelé) à évoluer sur cette échelle, il est préférable que cette tourbe s'éparpille sur tous les échelons au lieu de séjourner sur le même.

— Bien sûr.

— Oui, mais voilà : les gens qui sont contraints à demeurer sur les échelons inférieurs (c'est ceux d'en bas que je désigne ainsi), en proie à l'humidité sociale, trop près des crapauds pustuleux du mauvais destin, paludéennes victimes d'une sale organisation, envient ceux d'en haut, qui se prélassent sur des barreaux de peluche et d'or, en haut, au bel azur du ciel...

Et comme j'allais m'emballer, tel un poète saoul, M. Carnot me rappela à la question.

— Eh! bien, conclus-je, la solution, la voici : Il est monstrueux que des gens soient fatalement voués, et pour jamais, à un patrimoine de détresse, de misère et de travail (lequel est le pire des maux), cependant que de jeunes bougres n'ont qu'à naître pour mener une existence de flemme, de haute cocotterie et de bicyclette en aluminium. La vraie devise sociale devrait être : *Chacun son tour.* Ou bien encore : *C'est pas toujours les mêmes qui doivent détenir l'assiette au beurre.*

— Au fait! grommela le principal locataire de la rue du Faubourg-Saint-Honoré.

— A votre place, je créerais une énorme

tombola sociale, composée de lots variant entre cinq cent mille livres de rente et *peau de balle* et *balai de crin,* en passant par mille positions intermédiaires. Autant de lots que de citoyens français. Tirage, chaque année (au 1ᵉʳ avril, pour rigoler un peu). Dès lors, la vie deviendrait exquise et habitable. Le tumulte des passions s'assoupirait. L'envie reploierait ses odieuses ailes vertes. Et renaîtrait l'espoir ! Tel qui détiendrait, pour le moment, *la peau de balle* ou *le balai de crin,* se croirait le plus fortuné des bougres, à l'espérance que, dans un an, ce serait lui qui ferait son petit tour de lac ou, tout au moins, qui jouirait d'une bonne petite vingtaine de mille livres de rente.

(1) Expressions triviales correspondant, à peu près, à ce que les mathématiciens dénomment *zéro.*

Visiblement frappé de l'horizon que je lui ouvrais, le président se grattait la tête. Puis, sans me laisser achever, il ajouta, en imitant Dupuis à s'y méprendre :

— La voilà bien, la solution de la question sociale ! La voilà bien !

LE TRIPOLI

A Hermann Paul.

C'était un homme de ma compagnie qui s'appelait Lapouille, mais que nous avions baptisé l'*Homme*, à cause d'une histoire à lui arrivée recemment.

En manière de parenthèse, voici cette histoire :

Puni de consigne — comme il lui advenaît plus souvent qu'à son tour — l'excellent Lapouille avait, tout de même, jugé bon de faire en ville un petit tour hygiénique, lequel se prolongea jusque vers les onze heures du soir.

Aussi, dès son retour à la caserne, fut-il invité par monsieur l'adjudant à terminer à la salle de police une nuit si bien commencée.

Lapouille, sans murmurer, revêtit la tenue d'usage, empoigna sa paillasse et se dirigea, d'un pas philosophe, vers les salles de discipline.

— Comment, encore un ! s'écria le sergent de garde. Mais, c'est complet, ici !

— Bon, fit tranquillement Lapouille, n'en parlons plus. Je vais aller coucher à l'hôtel.

— La salle de police des *hommes* est

pleine... On va vous mettre dans la salle des sous-officiers. Justement il n'y a personne.

Mais Lapouille n'entendait pas de cette oreille. Il protesta froidement :

— Pardon, sergent, je suis un *homme*, et j'entends subir ma peine dans la salle de police des *hommes*.

— Puisque je vous dis que c'est plein, espèce d'andouille !

— Je m'en f... sergent, je suis un *homme*, je ne connais que ça !

— Mais, bougre d'imbécile, vous serez bien mieux dans la salle des sous-offs.

— Il ne s'agit pas de bien-être, là-dedans ! C'est une question de principe. Suis-je un *homme* ? Oui. Eh bien ! on doit me mettre dans la salle des *hommes*. Quand je serai sergent, vous me mettrez dans la salle des sous-officiers, et je ne dirai rien. Mais, d'ici là... je suis un *homme*.

Arrivé, sur ces entrefaites, et impatienté de ce colloque, l'adjudant ne parlait de rien moins que de saisir Lapouille par les épaules, et le pousser dans la *boîte* avec un coup de pied quelque part. Lapouille prit alors un air grave.

— Monsieur l'adjudant, je suis dans mon droit. Si vous me violentez, j'écrirai à la *République française*.

Pourquoi la *République française*, de préférence à tout autre organe ? On n'en a jamais rien su. Mais, c'était le suprême argument de Lapouille ; pour peu qu'un caporal le commandât un peu brusquement de corvée de quartier, Lapouille parlait, tout de suite, d'écrire à la *République française*.

Devant cette menace, l'adjudant perdit contenance. Diable ! la *République française*.

Et Lapouille continuait, infatigable.

— Je suis un *homme*, moi. Je ne connais que ça ! Je suis un *homme* ! Je veux la salle de police des *hommes* !

Finalement, on l'envoya coucher dans son lit.

Le nom lui en resta : on ne disait plus *Lapouille*, on disait l'*Homme* ; l'*Homme* par ci, l'*Homme* par là.

Ce trait indique assez le caractère de mon ami Lapouille, le type du soldat qui arrive à toutes ses fins, celui qu'on désigne si bien dans l'armée : *celui qui ne veut rien savoir*.

Non, Lapouille ne voulait rien savoir, ni

pour les exercices, ni pour les corvées, ni pour la discipline.

— Mais vous n'en f... pas un coup ! lui disait un jour le capitaine.

— Non, mon capitaine, répondait poliment Lapouille, pas un coup.

Et il développait, pour sa flemme et sa tranquillité, des trésors de force, d'inertie, des airs d'idiot incurable, de géniales roublardises, et puis surtout une telle quiétude, un tel insouci des châtiments militaires, une si folle inconscience (apparente, du moins), qu'on n'osait pas le punir, et souvent il *ramassait* deux jours de consigne pour des faits qui auraient envoyé n'importe lequel de ses camarades à *Biribi*.

Le damoclésisme de la fameuse *République française* lui rendait les plus vifs services auprès des caporaux et sergents, braves bougres pour qui la crainte de la presse est le commencement de la sagesse.

Dans les environs de Noël, Lapouille fit comme les autres et sollicita une permission de huit jours pour aller à Paris, se retremper un peu dans le sein de sa famille.

Lapouille ne vit pas son désir exaucé, sa conduite précédente ne le désignant nullement pour une telle faveur.

Notre ami ne manifesta aucun désespoir, n'éleva aucune réclamation, mais je puis vous assurer que le jour de Noël, quand, à l'appel du soir, le caporal de chambrée nomma Lapouille, personne ne répondit, par cette excellente raison que Lapouille se trouvait à Paris, en train de sabler le vin chaud avec quelques-uns de ses amis.

La petite fête dura six jours.

Le jeune Lapouille semblait s'occuper de

son régiment comme de ses premières galoches. Il avait retrouvé une petite bonne amie, de joyeux camarades, carotté quelque argent à sa famille. Le temps se tuait gaiement.

Le soir du sixième jour, comme il dînait en joyeuse compagnie, un copain, qui avait *servi,* lui dit tranquillement, au dessert :

— Tu n'as pas l'air de t'en douter, mon bonhomme, mais c'est ce soir que tu vas être porté déserteur !

Malgré son mépris des règlements militaires, Lapouille éprouva un petit tressaillement désagréable... Déserteur !

Il eut une rapide et désenchanteresse vision de *Bat d'Af,* de silos, de cailloux cassés sur une route peu ombragée.

En un mot, Lapouille ne rigolait plus.

Il acheva de dîner, passa la soirée avec ses amis et se retira discrètement vers onze heures.

Vingt minutes après, il était place Vendôme et abordait le factionnaire du gouvernement de Paris.

— Bonsoir, mon vieux. Sale temps, hein!

Le factionnaire, un garçon sérieux, ne répondit point. Lapouille insista :

— C'est là que demeure le gouverneur de Paris, dis?

— Oui, c'est là.

— Eh bien, va lui dire que j'ai à lui parler.

— Dis donc, t'es pas fou, toi, de vouloir parler au gouverneur de Paris, à c't'-heure-là?

— T'occupe pas de ça, mon vieux. Va lui dire que j'ai à lui parler, tout de suite.

— Tu ferais mieux d'aller te coucher. T'es saoul, tu vas te faire f... dedans.

— Tu ne veux pas aller chercher le gouverneur de Paris? Une fois, deux fois...

— M...!

— Bon, j'y vais moi-même.

Et comme Lapouille se disposait à pénétrer, le factionnaire dut croiser la baïonnette et appeler à la garde.

— Sergent, reprit Lapouille, allez dire au gouverneur de Paris qu'il y a quelqu'un en bas qui le demande.

On essaya de parlementer avec Lapouille, de le raisonner, de l'envoyer se coucher. Rien n'y fit. Lapouille ne sortait pas de là, il tenait à voir le gouverneur de Paris.

Un officier, attiré par le bruit, perdit patience :

— F...-moi cet homme-là au bloc. On verra demain.

Le lendemain, dès le petit matin, le poste retentissait des clameurs de Lapouille.

— Le gouverneur de Paris! Le gouverneur de Paris! J'ai quelque chose de très important à communiquer au gouverneur de Paris.

C'était peut-être vrai, après tout. Et puis, qu'est-ce qu'on risquait?

Donc, le gouverneur de Paris fit venir Lapouille dans son bureau :

— C'est vous qui tenez tant à me voir, mon ami? De quoi s'agit-il?

— Voici, mon gouverneur : Mon colonel m'a envoyé à Paris pour astiquer le dôme des Invalides. Or, j'ai oublié mon tripoli et je n'ai pas d'argent pour en acheter. Alors, je viens vous demander de me fournir du tripoli, ou alors de me renvoyer dans mon régiment chercher le mien.

Ce petit discours fut débité sur un ton tellement sérieux, que Lapouille, avec tous les égards dus à son rang, était amené au Val-de-Grâce, dans un assez bref délai.

Là, il ne se démentit pas d'une semelle. Il répéta aux médecins son histoire de l'astiquage du dôme des Invalides, sa pénurie de tripoli, et la crainte qu'il éprouvait d'être *attrapé* par son colonel.

Il fut mis *en observation*. Un mois après, il était réformé.

De temps en temps, je le rencontre, ce brave Lapouille, et il ne manque jamais de me dire :

— Crois-tu qu'ils en ont une couche, hein?

CAFÉ D'AFFAIRES

La scène se passe dans un grand café des boulevards. Public complexe.

Des journalistes discutent âprement sur l'avenir de la presse en France. Les uns prétendent que ce qu'il faut au public, c'est ceci et cela. D'autres affirment, avec une prodigieuse assurance, que, pas du tout, le public exige autre chose, et que, dorénavant, il faudra lui servir autre chose que ceci et cela, sans quoi !... Et il n'achève pas.

Quelques ménages départementaux consultent le programme et l'heure des spectacles. A chaque titre d'une pièce, la petite femme (pas très bien habillée, mais plutôt jolie) fait une moue :

— Est-ce qu'on ne joue rien de Gandillot? dit-elle.

L'époux se reprécipite sur le programme et constate, pauvre garçon ! que non, on ne joue rien de Gandillot.

A la table voisine, une jeune personne semble attendre impatiemment quelqu'un, sans savoir au juste qui (je crois).

En face, un gros monsieur au collet d'astrakan a demandé autoritairement une *absinthe sucre* et *de quoi écrire.*

— Ah! vous voilà! déclara-t-il à un

grand jeune homme qui arrive, pâle, avec des boutons sur la figure.

— Oui, monsieur, me voilà ! répond le pauvre grand jeune homme, d'une voix pâle comme sa face.

— Vous avez vu la personne ?

— J'en sors.

— Qu'est-ce qu'elle a dit ?

— Elle a dit qu'elle ne voulait rien décider avant d'avoir *causé* avec l'individu.

— Qu'est-ce qu'il a fait, l'individu, aujourd'hui.

— Eh bien ! il est allé chez la dame à Versailles.

— Pourquoi faire, voir la dame de Versailles ?

— Parce que la bonne femme ne fichera pas un sou sans avoir l'avis du notaire d'Étampes.

— Le notaire d'Étampes commence à nous embêter ! Il a dit, la semaine dernière, au bonhomme, que c'était une chose entendue.

— Oui, seulement, le type a vu le bonhomme, depuis.

Pendant ce dialogue, le grand jeune homme pâle, avec des boutons sur la figure, semble attendre que le monsieur au collet d'astrakan lui demande *ce qu'il prend*.

Devant le mutisme (parti pris ou oubli ?) de monsieur, le pauvre jeune homme pâle demande un *amer-menthe*.

La conversation prend alors une tournure moins générale, et j'apprends qu'il s'agit d'une somme à grouper pour l'exploitation d'un merveilleux instrument, le **chrysoscope**, destiné à découvrir, sûrement et de loin, le moindre filon d'or. — Une affaire épatante !

Seulement, voilà ! Ça ne va pas comme on voudrait. La *personne* a manqué son rendez-vous avec l'*individu*, lequel n'a pas pu rencontrer le *type*. D'autre part, le *type* fait des *chichis* avec la *dame de Versailles*. Le notaire d'Étampes, dans toute cette affaire, se conduit comme un simple veau.

Quant au *colonel*, on se demande ce que le *colonel* vient fiche dans tout ça ! Enfin !

Et le monsieur au collet d'astrakan constate, non sans amertume, que le monde est bien changé, et qu'il y a dix ans... !

Le café se vide.

Les gens s'en vont dîner.

Seule, la table de nos deux *hommes d'affaires* conserve un frisson d'activité.

— Tiens, justement, voilà le *type !*

Il est bien, le type !

C'est une sorte de vieux dépenaillé bohême qui a dû être bien rigolo dans les environs de 1867, mais combien éculé depuis ! Pauvre vieux !

Voilà des temps et des temps qu'il vit sur une sorte de réputation d'inventeur génial, dans laquelle *coupent* même les *personnes* et les *individus*.

— Eh bien ! fait le collet d'astrakan, vous nous l'apportez enfin, votre fameux *chrysoscope?*

— Oh ! mes pauvres amis ! Il vient de m'en arriver une aventure !... Imaginez-vous qu'en passant près de la Banque de France, rue Vivienne, l'aiguille de mon instrument s'est affolée. Je me suis mis à courir pour soustraire mon appareil à l'influence de tout cet or. Malheureusement, il était trop tard... Je n'étais pas arrivé à l'angle de la rue Colbert, que mon pauvre instrument était réduit en miettes !

Le plus comique de cette aventure, c'est que le génial inventeur du *chrysoscope* pleurait pour de vrai, et que les hommes d'affaires sentaient perler à leurs paupières, habituellement sèches, de furtives larmes.

TROP DE KANGUROOS

A l'heure qu'il est, Paris — si je sais compter — ne recèle pas, en son enceinte, moins de trois kanguroos boxeurs (1).

Ce chiffre de trois, qui serait insignifiant s'il s'agissait de dénombrer les étoiles du firmament ou les grains de sable du désert, revêt un caractère spécial d'importance

---

(1) Depuis que l'auteur écrivit ces lignes, une grande accalmie s'est produite. Le kanguroo boxeur a émigré vers d'autres cieux.

pour peu que le recensement des kanguroos boxeurs soit en jeu.

Longtemps, Paris fut dénué de kanguroos boxeurs. On ne s'en trouvait pas plus mal, ni mieux, d'ailleurs.

Il en vint un au Nouveau-Cirque.

Puis les Folies-Bergère en offrirent un second.

Aujourd'hui, c'est le tour du Casino de Paris, qui nous en annonce un troisième pour dans pas bien longtemps.

La série — ne cherchons pas à nous le dissimuler — est au kanguroo boxeur.

Il m'a paru intéressant de rechercher les causes de ce mouvement.

A qui pouvais-je mieux m'adresser qu'aux kanguroos eux-mêmes ? C'est ce que je fis.

Les kanguroos ne sont représentés à Paris par aucun ambassadeur, aucun consul. Pas même un chargé d'affaires !

Et pourtant ils comptent, dans la capitale, deux colonies importantes.

L'une, modeste, un peu entachée de nihilisme — m'a-t-on affirmé — habite le quartier du Jardin des Plantes.

L'autre, composée d'individus plus à leur aise, a fait élection de domicile, dans le Bois de Boulogne, au Jardin d'Acclimatation pour préciser.

Ce sont ces derniers que je suis allé voir.

Bien qu'il fût grand matin, ces Messieurs étaient déjà levés, et sautillaient gaiement dans le grand parc que leur a fait si coquettement aménager M. Geoffroy Saint-Hilaire, le grand marchand de chiens bien connu.

Les premiers kanguroos à qui je m'adressai se trouvaient être de petits kanguroos frivoles et sans suite dans les idées. D'ailleurs, nés à Neuilly, ces petits quadrupèdes n'auraient pu me fournir que d'insignifiants tuyaux.

Fort heureusement, un vieux sortait à ce moment de sa cabane. Il m'aperçut et se dirigea vers moi par bonds successifs.

Les présentations faites :

— Je sais ce qui vous amène, dit le sage kanguroo, vous voulez savoir mon idée sur ceux de nos confrères qui se donnent en spectacle, chaque soir, dans les cirques ou music-halls de Paris.

— Justement.

— Eh bien ! monsieur, puisque vous avez l'honneur de tenir une plume, dites bien que nous tous, les kanguroos sérieux et dignes de ce nom, nous tenons nos frères boxeurs pour des baladins et des fumistes.

Et comme si cet accès d'indignation l'eût fatigué, le vieux kanguroo passa sa petite patte sur son petit front et essuya quelques petites gouttes de sueur. — Il reprit :

— Nous appartenons, monsieur, à une vieille famille honorablement connue dans toute l'Australie, la famille des Marsupiaux. Personne, jusqu'à présent, n'avait songé, chez nous, à s'exhiber le soir dans des exercices ridicules, au sein des endroits de plaisir. A quoi faut-il attribuer cette orgie de kanguroos boxeurs ? Au commencement, j'ai cru à un défi relevé : des naturalistes, ergotant sur la disproportion qui existe entre notre tête, nos membres antérieurs d'apparence si frêle, et notre arrière-train, composé de deux pattes terribles et une queue, je ne vous dis que ça ! avaient insinué que notre avant-train semblait frappé d'une sorte d'atrophie, ce qui est faux, monsieur, dites-le bien à tous vos lecteurs. Quelques-uns de nos frères avaient-ils résolu de démontrer le contraire aux hommes? Je me l'imaginai tout d'abord. Hélas! rien de semblable dans le cas de ces messieurs!

Le vieux kanguroo tira de sa poche quelques olives, qu'il grignota en s'arc-boutant sur sa queue :

— Mais alors, insinuai-je...

— Voici : Un vent de cabotinage règne sur tous les êtres de la création. Les kanguroos n'y échappent pas plus que les autres. Et ils sont d'autant plus bêtes, ces imbéciles, qu'on les fait travailler à l'œil, monsieur. (J'ai vu leurs traités.) Ni payés, ni habillés. On les nourrit, on les loge et on leur fournit leurs gants de boxe, et c'est tout.

Très visiblement indigné, le vieux kanguroo haussait ses petites épaules.

— Il est évident, repris-je, qu'avec cette hygiène les marsupiaux boxeurs ne jouiront jamais de votre verte vieillesse.

— Oh! moi, je dois ma belle santé à l'habitude que j'ai contractée de me nourrir d'olives. Tous les matins, mon ami le poète Jean Sarrazin m'en apporte une petite provision, que je grignote dans la journée, en vertu du vieux principe de l'école de Salerne :

> Quiconque mange les olives,
> Chaque jour de chaque saison,
> Vit plus longtemps que les solives
> De la plus solide maison.

Et sur ce quatrain, peut-être pas très authentique, le vieux kanguroo me quitta, regagnant sa cabane, par bonds de plus en plus successifs.

Et moi je me retirai, très ému de ce que je venais d'entendre et murmurant machinalement :

Quiconque mange les solives
De la plus solide maison... etc.

DOUX SOUVENIR

Au temps où j'étais étudiant, et que je n'avais pas d'argent pour aller au café, c'est au Louvre ou au Bon-Marché que je passais le plus clair de mes après-midi.

Nul, plus que moi, n'était preste à se faufiler au meilleur de la cohue.

Nul ne savait se faire coudoyer — je dis *coudoyer* rapport aux convenances — par des personnes plus accortes, plus dodues et d'une consistance plus ferme.

Et encore maintenant, malgré la haute situation que j'occupe à Paris, malgré les responsabilités qui m'incombent comme la lune, malgré les incessantes commandes de la province et de l'étranger, je ne dédaigne point d'aller passer, en quelque Calicopolis, une petite demi-heure ou deux.

Et puis, les souvenirs s'en mêlent.

Laissez-moi vous raconter une histoire (j'en meurs d'envie).

C'était voilà pas mal de temps, ce qui n'est pas fait pour me rajeunir.

J'avais contracté une ardente passion pour une jeune employée du Louvre.

Ce n'est pas qu'elle fût extraordinairement jolie, mais ses yeux noirs, où, des fois, se pailletait de l'or, avec, au fond, l'Énigme accroupie ; ses cheveux crépus encombrant son jeune front ; son petit nez rigouillard et bon bougre ; sa bouche trop grande, mais si somptueusement meublée, lui faisaient un si drôle d'air !

Un observateur superficiel n'aurait pas pu dire si elle était de Bénarès ou de la rue Lepic (dix-huitième arrondissement).

Chaque jour, je me présentais à son rayon ; et, pour avoir l'occasion de causer un peu, j'acquérais quelques objets dans les prix doux.

Lesquels objets, d'ailleurs, je me faisais froidement rembourser, le lendemain, comme s'ils avaient brusquement cessé de me plaire.

Les choses n'allaient pas trop mal, quand un vieux monsieur, très allumé sur mon almée de Montmartre, détermina une baisse subite sur mes actions.

Cet homme âgé était riche, aimable, copieux en promesses.

3.

Bref, je résolus de lui faire une de ces petites plaisanteries qui engagent un monsieur à ne plus remettre les pieds dans une maison.

Un beau jour, je glissai dans la poche de son paletot un petit ivoire japonais préalablement dérobé par moi, et je le dénonçai à un inspecteur.

Le pauvre homme fut invité à se rendre dans le local *ad hoc*. Il dut signer des papiers compromettants et verser des sommes énormes.

Je ne le revis jamais au Louvre, mais, hélas! je ne revis plus jamais non plus la jeune personne pour qui battait mon cœur.

Le lendemain même de son histoire, le monsieur l'avait fait mander par un tiers chargé d'or.

Cette aventure me servit de leçon, et depuis ce moment, je n'ai plus jamais fourré le moindre ivoire japonais dans la poche des vieux gentlemen.

FEU

On m'a raconté, dans le temps, une histoire qui m'a beaucoup amusé.

Un monsieur était mort après avoir recommandé qu'on incinérât son corps.

Quand l'employé *ad hoc* demanda à la veuve quel genre de crémation elle désirait pour le défunt (du four français ou du four milanais ?) la pauvre femme s'écria vivement : — Oh ! monsieur, le four français !

Mon cher mari ne pouvait pas sentir la cuisine italienne.

Ce bel exemple de piété conjugale m'est revenu à la mémoire en apprenant qu'un comité de perfectionnement des services de la crémation fonctionnait activement à la Préfecture de la Seine.

La composition de ce comité n'est point sans intérêt : les médecins y sont en majorité, Dr Bourneville, Dr Martin, Dr Napias, etc.

Pourquoi tous ces docteurs ?

Je comprends qu'on tienne à sa clientèle, mais s'y intéresser jusqu'à la combustion inclusivement, me semble le fait d'une insistance fâcheuse. Trop de zèle, messieurs !

Les reproches qu'on fait à la crémation, telle qu'elle a été pratiquée jusqu'aujourd'hui, sont assez pittoresques.

Ainsi, les règlements du Père-Lachaise autorisent seulement cinq personnes du convoi à assister à l'opération.

Pourquoi cet exclusivisme rigoureux à l'égard d'une représentation dont on ne donnera pas de seconde et qui n'a pas eu de répétition générale ?

Et, sur les cinq assistants, un seul a le droit de suivre, par un regard spécial réservé aux employés, les progrès de l'incinération.

Cet unique voyeur constitue-t-il un contrôle sérieux ?

Et puis, pourquoi ce contrôle ? Craint-on que l'administration ne dérobe le macchabée ? Qu'en ferait-elle, je vous le demande un peu ?

Pendant que les cinq privilégiés se chauffent au feu du feu (un joli mot, en passant), les autres invités vont tuer le temps autour du colombarium. Alors, qu'arrive-t-il ? Le vent rabat sur ces gens une fumée qui n'est pas seulement celle du charbon.

Sensation extrêmement désagréable ! Car, enfin, on peut avoir eu un monsieur dans le nez, durant sa vie, sans éprouver le besoin de le renifler encore après son trépas.

D'autres détails pénibles seront évités dorénavant.

La commission élabore un projet de funérailles décentes et même somptueuses.

L'idée de transformer les défunts en briquettes, pour le chauffage des héritiers, a été définitivement écartée.

C'est égal, quelle drôle d'idée d'avoir mêlé tous ces médecins à cette histoire !

La prochaine fois que je serai malade, ce

n'est certainement pas le docteur Napias que j'enverrai chercher.

J'aurais trop l'obsession de me dire :

— Avec celui-là, je suis flambé !

IL NEIGEAIT...!

OU

L'OSTINATION (SIC) D'UN CYCLISTE

PAGE DE DESSINS POUR CARAN D'ACHE

I

Il neigeait !... Morne plaine ! comme a dit Victor Hugo, un des garçons de son époque qui détenait les meilleurs tuyaux sur les mornes plaines.

Néanmoins, l'intrépide cycliste enfourche

sa monture d'acier et se dirige dans la direction de l'horizon, un peu à droite.

II

La neige, pour cela, ne cesse point de tomber. Elle estompe de son blanc crayon la silhouette capuchonneuse de l'homme, saupoudre le sol.

Les roues tournent et les pneumatiques, à chaque tour, s'encombrent un peu plus (l'histoire de la boule de neige).

III

Suite du précédent, avec augmentation.

Aux plaines blanches succèdent d'autres plaines blanches, toujours comme a dit le susdit père Hugo.

Le cycliste pédale, indécourageable.

IV

Cependant, s'aggrave la situation.

La silhouette capuchonneuse du cycliste n'est presque plus reconnaissable sous l'amas qui l'enveloppe.

La périphérie — si j'ose m'exprimer ainsi — des dunlop a tant aggloméré de neige que les roues ne sont pas bien loin de se tangenter.

Un pâle sourire aux lèvres, le cycliste va toujours, dévorant l'espace comme un éléphant le ferait d'un petit pain de seigle de cinq centimes.

V

C'en est fait.

Les deux roues accrues se touchent désormais. Rien ne va plus.

Quant à l'homme, qui devinerait que c'est un homme ?

Et, pourtant, le cycliste raidit sur les pédales inertes ses muscles vains.

La rafale en profite pour redoubler d'âpreté.

VI

Le recordman et son outil sont devenus un groupe amorphe où l'œil le plus exercé ne saurait distinguer trace d'homme et de machine.

Les petits oiseaux contemplent cette chose avec des yeux qu'arrondit la stupeur.

Il neigeait !...

(*Le dégel au prochain numéro.*)

INCONVÉNIENTS

DU

BAUDELAIRISME OUTRANCÉ

Faut du Baudelaire, c'est entendu, mais pas trop n'en faut. L'historiette qui suit indiquera, pour la partie intelligente de ma clientèle, ce qu'on doit prendre du Baudelairisme et ce qu'il conviendrait d'en laisser.

Un grand jeune homme blond, à l'âme

d'azur, était élève dans une excellente pharmacie de Paris. Son temps s'écoulait entre les préoccupations officinales et la lecture, jamais close, des *Fleurs du Mal*.

Pas un mot murmuré près de lui ; pas une image évoquée, pas un rien du tout, quoi ! qui ne déclanchât en sa tête, et tout de suite, un vers ou deux du divin beau-fils du général Aupick.

Or, un jour, une dame entra dans la pharmacie et lui dit :

— Nous venons, mon mari et moi, de mettre du vin en bouteilles, mais le fond de la barrique est affreusement trouble, et je viens vous prier de me donner un filtre.

Le jeune potard donna le filtre.

Soit que ce filtre fût, vraiment, composé

d'une matière irrésistante, soit que la dame y eût, trop brusquement, versé le liquide, le filtre creva.

Et la dame revint à la pharmacie, disant au jeune homme :

— Vous n'auriez pas de filtre plus fort ?

Alors, subitement déclanché par ces mots, le jeune Baudelairien clama :

> Ah ! les philtres les plus forts
> Ne valent pas ta paresse,
> Et tu connais la caresse
> Qui fait revenir les morts !

Légitimement froissée de ce quatrain interpellatif qu'elle n'avait aucunement mérité, et auquel, disons-le, elle était loin de s'attendre, la dame alla conter la chose à son mari, lequel s'empressa de venir administrer à l'éthéré potard une râclée noire.

Avais-je pas raison de dire en débutant : Faut du Baudelaire, c'est entendu, mais pas trop n'en faut ?

L'ENFANT DE LA BALLE

Je commence par déclarer à la face du monde que l'histoire ci-dessous n'est pas sortie toute tressaillante de ma torride imagination.

Je n'en garantis aucunement l'authenticité, et même, à vous dire vrai, elle me paraît plutôt dure à avaler.

Mais je cite mes sources : le fait en question fut publié dans un numéro de la *Gazette des hôpitaux*, laquelle affirme le tenir de *The Lancet*, de Londres, laquelle *Lancet* l'aurait emprunté à *The American Medical Weekly*.

Maintenant que ma responsabilité est dégagée (rien ne m'attriste comme de ne pas être pris au sérieux), narrons l'aventure :

C'était pendant la guerre de sécession, en Amérique.

Le 12 mai 1863, deux corps ennemis se trouvaient en présence et se livraient une bataille acharnée dans les environs d'une riche villa habitée par une dame et ses deux demoiselles.

Au plus fort de l'action, un jeune combattant, posté à 150 mètres de l'habitation, eut la jambe gauche fracturée par une balle de carabine Minié, qui, détail important, lui emporta du même coup un fragment d'organe difficile à désigner plus clairement, un organe qui compte sérieusement dans la vie d'un homme.

Au même instant, un cri perçant retentissait dans la riche villa habitée par la dame et ses demoiselles. Une de ces dernières, l'aînée, venait de recevoir un coup de feu dans l'abdomen.

L'orifice d'entrée du projectile se trouvait à une distance à peu près égale de l'ombilic et de l'épine iliaque antérieure. Pas d'orifice de sortie et la plaie est pénétrante.

Après diverses péripéties trop longues pour être contées ici, les deux blessés guérissent : la jeune fille, chez elle, dans sa chambre ; le militaire à l'ambulance, à quelques lieues de la riche villa.

Notez bien que ce gentleman et que cette miss ne se connaissaient *ni des lèvres ni des dents,* comme dit ma brave femme de concierge.

La jeune miss a eu une péritonite qui lui a laissé un ballonnement du ventre qui l'inquiète assez.

Deux cent soixante-dix-huit jours juste à partir de la date de la blessure, de vives douleurs se font sentir, et l'intéressante blessée met au monde un beau garçon du poids de huit livres.

La famille fait une tête assez compréhensible.

Quant à la miss, elle trouve à cette aventure ce que, nous autres Français, nous appelons *un cheveu.*

Trois semaines après l'accouchement, le nouveau-né est opéré d'une tumeur au scrotum qui existait depuis la naissance.

Le docteur Capers, qui me fait pourtant

l'effet d'un drille assez difficile à épater, fut alors stupéfait de constater que la tumeur du gosse était produite par une balle Minié, écrasée, déformée, comme si, dans son trajet, elle avait heurté quelque corps dur.

Tout à coup, la lumière se fait dans son esprit ! Laissons-le causer, quitte à lui retirer la parole quand il deviendra trop précisément technique :

— Qu'est-ce à dire ? La balle que j'avais retirée du scrotum de l'enfant était identiquement la même que celle qui, le 12 mai, avait fracassé le tibia de mon jeune ami, lui enlevant... etc., etc.

Parfaitement !

Quoi qu'il en soit, l'intrépide soldat yankee, mis au courant de la situation, épousa la jeune fille, et lui occasionna, depuis, trois enfants dont aucun, dit le docteur Capers, ne lui ressemble autant que le premier.

En Amérique, quand il n'y en a plus, il y en a encore!

Il serait excessif de tirer comme moralité de ce récit que les vieux procédés de reproduction doivent céder le pas au système américain.

Le cas que je cite a réussi, mais il aurait pu rater, et dame! rater pour rater, n'est-ce pas?...

LE RÉVEIL DU 22

Lundi matin, j'ai bien ri, mais là, bien ri ! Et quand j'y repense, j'en ris encore.

J'avais passé la journée de dimanche à Versailles avec quelques débauchés de mes amis.

La journée fut calme, mais la soirée ne se passa point sans les plus fangeuses orgies. Intempérance et luxure mêlées !

Tant et si bien que je manquai froidement le dernier train de Paris.

Une grande incertitude me prit : devais-je retourner dans les mauvaises maisons d'où je sortais, ou si j'allais me coucher bourgeoisement en quelque bon petit hôtel bien tranquille ?

Mon ange gardien me souffla sur le front, dissipant les vilaines inspirations du démon, et me voilà dans le chemin de la vertu.

Le garçon de l'hôtel, réveillé sans doute d'un rêve d'or, me fit un accueil où ne reluisait pas l'enthousiasme.

Il m'annonça, néanmoins, que j'occuperais le *vingt et un*.

J'ai oublié de vous dire que je tenais énormément à me trouver à Paris, le lendemain, de très bonne heure. Mais cet oubli n'a aucune importance, et il est temps encore de vous aviser de ce détail.

Dans le bureau de l'hôtel était accrochée une ardoise sur laquelle les voyageurs inscrivent l'heure à laquelle ils désirent être réveillés.

J'eus toujours l'horreur des réveils en sursaut. Aussi ai-je, depuis longtemps, contracté la coutume d'inscrire, non pas le numéro de ma chambre, mais celui des deux collatérales.

Exemple : j'habite le 21 ; j'inscris, pour être réveillé à telle heure, le 20 et le 22.

De la sorte, le réveil est moins brusque.

(Truc spécialement recommandé à MM. les voyageurs un peu nerveux.)

La nuit que je passai dans cette auberge fut calme et peuplée de songes bleus.

Au petit jour, des grognements épouvantables m'extirpèrent de mon sommeil.

Une grosse voix, tenant de l'organe de l'ours et du chant du putois, ronchonnait :

— Ah ça, est-ce que vous n'allez pas me f... la paix ! Qu'est-ce que ça peut me f... à moi, qu'il soit six heures et demie ! Espèce de brute !

C'était le 20 qui tenait rigueur au garçon de le réveiller contre son gré.

Moi, je riais tellement que j'avais peine à me tenir les côtes.

Quant au 22, la chose fut encore plus épique.

Le garçon frappa à la porte : pan, pan, pan.

— Hein ? fit le 22, qui est là ?
— Il est six heures et demie, Monsieur.
— Ah !

Le garçon s'éloigna.

Je collai mon oreille sur la cloison qui me séparait du 22, et j'entendis ce dernier murmurant d'une voix délabrée : « Six heures et demie ! Six heures et demie ! Qu'est-ce que j'ai donc à faire, ce matin ? »

Puis, l'infortuné se leva, fit sa toilette, s'habilla, toujours en mâchonnant à part lui : Six heures et demie ! Six heures et demie ! Que diable ai-je donc à faire, ce matin ?

Il sortit de l'hôtel en même temps que moi.

C'était un homme d'aspect tranquille, mais dont l'évidente mansuétude se teintait, pour l'instant, d'un rien d'effarement.

Je gagnai ma gare hâtivement, mais non sans me retourner, parfois, vers mon pauvre 22.

Maintenant, il fixait le firmament d'un

regard découragé, et je devinai, au mouvement de ses lèvres, qu'il disait : « Que diable pouvais-je bien avoir à faire, ce matin? Six heures et demie! »

Pauvre 22 !

QUELQUES CHIFFRES

Terront est sorti vainqueur du match bien connu sous le nom de *Match Terront-Corre*, après avoir *couvert* mille kilomètres en 41 heures 58 minutes 52 secondes et 4/5.

Une parenthèse, s. v. p.

(Quelques lecteurs non initiés m'ont écrit de province pour me demander une lueur sur cette expression *couvert*. Pourquoi dit-on *il a couvert* au lieu de *il a parcouru ?*

L'explication est assez piquante :

C'est M. Porel, l'intelligent ex-directeur de l'Eden, de son vrai nom Parfouru, qui a obtenu des autorités cyclistes qu'on remplaçât le mot *parcouru* par le mot *couvert*, cela pour éviter des confusions toujours regrettables.

Fermez la parenthèse, s. v. p.)

Comme je n'avais rien à faire ce matin, je me suis livré à quelques calculs.

1,000 kilomètres en 41 heures 58 minutes 52 secondes 4/5, cela met le kilomètre à 19 secondes et 12 tierces (la tierce est une mesure assez peu usitée dans la vie courante, qui correspond à un soixantième de seconde), et le mètre à 1 tierce et quelque chose.

Je n'ai pas poussé jusqu'au millimètre, ce calcul me semblant oiseux. Il faudrait, en effet, être bien bizarre pour tenter jamais le record du millimètre.

Cette jolie allure, fort honorable pour un cycliste, devient presque ridicule si on la rapproche de la vitesse de la lumière (77,000 lieues à la seconde).

Il est bon d'ajouter que la lumière se livre à un entraînement de chaque instant depuis les premiers jours de la création (ce qui ne la rajeunit pas), alors que Terront ne pratique la bicyclette que depuis une quinzaine d'années.

Théoriquement, Terront devrait faire le tour du monde en soixante-dix jours. (Enfoncé, mon vieux Jules Verne !)

Dans la pratique, il faudrait en rabattre, la surface du globe étant sensiblement plus raboteuse que la piste du Vélodrome du Champ de Mars.

Et, à ce propos, laissez-moi, je vous prie, émettre un vœu qui trouvera son écho dans le cœur de tous les recordmen.

Maintenant qu'il n'y a plus de roulages, de diligences, de voitures de poste, les grandes routes de France n'ont plus cette vive animation qui les rendait si pittoresques dans le temps.

Même les voleurs de grand chemin sont disparus : les uns, habitués au plein air, exercent la profession de pickpocket sur les champs de course ; les autres se sont adonnés à la haute banque.

La pratique de plus en plus répandue du cycle, tend à rendre à nos routes nationales leur activité de jadis.

Messieurs des ponts et chaussées ne

pourraient-ils pas appliquer, à l'entretien des routes, des procédés plus cléments aux vélos ?

Le caillou, fraîchement cassé, excellent pour la roue du camion ou de la patache, ne vaut rien pour le caoutchouc de nos machines, rien du tout.

Ah ! si j'étais le gouvernement !

LAPINS DE FRANCE
ET
GRENOUILLES BELGES

Des explorateurs dignes de foi m'ont conté, jadis, que l'art culinaire allemand comporte le lapin aux confitures.

Je ne sais si, à l'instar du lièvre, qui aime tant à être écorché vif, le lapin adore les sucreries, mais il faudra bien qu'il s'y mette, si j'en crois la dernière séance de l'Académie des sciences.

Les quelques rares lapins — on aurait pu les compter — qui assistaient à la réunion de ce grand corps savant furent péniblement émus d'entendre la déclaration de M. Chauveau, déclaration que rien ne provoquait, d'ailleurs, et que rien ne faisait prévoir :

« *M. Hédou, de Montpellier, a dit M. Chauveau, vient de réussir à rendre le lapin diabétique, en détruisant le pancréas par la méthode Claude Bernard, c'est-à-dire par l'injection d'huile d'olive dans le canal excréteur.* »

L'impression de stupeur ne s'était pas complètement effacée que M. Chauveau ajoutait froidement :

« *C'est un progrès qui permet aux physiologistes de se procurer, en peu de temps, par une opération sans gravité* (pour les physiologistes, bien entendu), *un grand nombre de lapins diabétiques.* »

Ça n'est pas plus malin que ça. Vous avez un lapin à poser chez une jeune femme de relation récente. Un peu d'huile d'olive dans le canal excréteur, suppression du pancréas, et voilà un petit lapin au sucre qui passera comme une lettre à la poste.

On ne dira plus désormais *dorer la pilule,* mais *sucrer le lapin,* ce qui est beaucoup plus élégant.

Ah! pauvres lapins de France!

Comme je préfère à leur sort la nouvelle destinée des grenouilles belges!

A force de demander un roi, les grenouilles ont fini par en trouver un, et un bon.

Pour une fois, il s'agit de Léopold, savez-vous!... qui portera, dans l'histoire, le nom à jamais respecté de *père des grenouilles*.

La cause de cette brusque tendresse pour les batraciens ? Ah ! de grâce, n'insistez pas ! nul tuyau à cet égard.

J'ai écrit en Belgique pour savoir. Si j'entends parler de quelque chose, je vous enverrai un mot.

En attendant, je soumets à votre pâture les deux premiers articles d'une circulaire adressée par l'ingénieur en chef du chemin de fer du Nord aux agents de cette Compagnie appelés à conduire des trains se rendant en France et à la connaissance desquels elle porte l'arrêté royal suivant :

Art. 1er. Il est défendu, à dater du présent arrêté, dans toute l'étendue du pays, de prendre ou de détruire des grenouilles, de transporter, d'exposer en vente, de vendre ou d'acheter ces animaux soit entiers, soit en partie. Toutefois, les propriétaires de grenouillères situées dans les communes désignées par le ministre peuvent expédier, à des conditions et pendant le temps qu'il déterminera, et seulement à destination de l'étranger, les grenouilles non vivantes, soit entières, soit en partie.

Art. 2. Le ministre peut également, dans un but scientifique ou d'intérêt général, autoriser des dérogations aux dispositions du paragraphe 1er de l'article précédent.

Pourtant, tout en rendant justice au grand cœur de Léopold, cet article 2 m'a jeté un froid.

Si un savant belge allait se mettre en tête de rendre les grenouilles albuminuriques !

Nous mangerons peut-être dans pas

longtemps, — moins longtemps que vous ne croyez, Madame, — des œufs à la neige desquels le blanc d'œuf sera fourni par les grenouilles et le sucre par les lapins.

C'est les végétariens qui feront une tête !

POÈME MORNE

TRADUIT DU BELGE

Pour Mœterlinck.

Sans être surannée, celle que j'aimerais
   aurait un certain âge.
Elle serait revenue de tout et ne croirait
   à rien.
Point jolie, mais persuadée qu'elle ensor-
   celle tous les hommes,
sans en excepter un seul.
On ne l'aurait jamais vue rire.

Sa bouche apâlie arborerait infréquem-
ment le sourire navrant de ses désabus.

*
* *

Ancienne maîtresse d'un peintre anglais,
    ivrogne et cruel,
qui aurait bleui son corps,
tout son corps,
à coups de poing,
elle aurait conçu la vive haine de tous les
    hommes.

*
* *

Elle me tromperait avec un jeune poète
    inédit,
dont la chevelure nombreuse, longue
et pas très bien tenue

POÈME MORNE

ferait retourner les passants
et les passantes.

⁂

Je le saurais, mais, lâche, je ne voudrais
   rien savoir.
Rien !
Seulement, je prendrais mes précautions.
Le jeune poète me dédierait ses produc-
   tions,
ironiquement.

⁂

Cette chose-là durerait des mois
et des mois.
Puis, voilà qu'un beau jour Eloa s'adon-
   nerait à la morphine.

⁂

Car c'est Eloa qu'elle s'appellerait.

* *

La morphine accomplirait son œuvre néfaste.
Les joues d'Eloa deviendraient blanches, bouffies,
si bouffies
qu'on ne lui verrait plus les yeux,
et piquetées de petites tannes.
Elle ne mangerait plus.
Des heures entières, elle demeurerait sur son canapé,
comme une grande bête lasse.
Et des relents fétides se mêleraient aux buées de son haleine.

POÈME MORNE

Un jour que le pharmacien d'Eloa serait
   saoûl,
il se tromperait,
et, au lieu de morphine,
livrerait je ne sais quel redoutable alca-
   loïde.
Eloa tomberait malade
comme un cheval.
Ses extrémités deviendraient froides
comme celles d'un serpent,
et toutes les angoisses de la constriction
se donneraient rendez-vous dans sa gorge.

*
* *

L'agonie commencerait.

*
* *

Ma main dans la main d'Eloa,

Eloa me ferait jurer,
qu'elle morte,
je me tuerais.

Nos deux corps, enfermés dans la même
 bière,
se décomposeraient en de communes puru-
 lences.

Le jus confondu de nos chairs putréfiées
 passerait dans la même sève,
produirait le même bois des mêmes ar-
 bustes,
s'étalerait, viride, en les mêmes feuilles,
s'épanouirait, radieux, vers les mêmes
 fleurs.

⁂

Et, dans le cimetière,
au printemps,

quand une jeune femme dirait : *Quelle*
   bonne odeur !
cette odeur-là, ce serait, confondues, nos
   deux âmes sublimées.

.
* *

Voilà les dernières volontés d'Eloa.
Je lui promettrais tout ce qu'elle voudrait,
   et même d'autres choses.

.
* *

Eloa mourrait.

.
* *

Je ferais à Eloa des obsèques convenables,
   et,
le lendemain,
je prendrais une autre maîtresse
plus drôle.

L'EXCÈS
EN TOUT EST UN DEFAUT

HISTOIRE CANAQUE

Hier, dans le courant de l'après-midi, je suis allé voir les Dahoméens au Champ-de-Mars.

M'accompagnait un ancien capitaine au long cours que je n'avais pas vu depuis pas mal de temps et que je rencontrai, le matin, à l'enterrement d'une de mes cousines.

Les Dahoméens et les Dahoméennes me laissèrent ravi.

Dans le tas, quelques-uns, certainement, n'auraient pas dégoté le truc pour faire détoner le picrate d'ammoniaque, mais, cependant, il s'en trouve dans les yeux desquels s'allument des lueurs intelligentes, sournoises, et animées du plus mauvais esprit.

— Avez-vous navigué dans ces parages, capitaine ? demandai-je à mon compaing.

— Étant novice, oui, un peu, mais rarement débarqué. Ce que je connais le mieux, ce sont les Canaques. En voilà des rosses, les Canaques ! Et des roublards !

— Ah !

— On n'a pas idée de ces chameaux-là ! Et ce qu'ils se f... de nous autres, Européens, au fond !

— Ah !

— Je me rappelle un jour... Ah ! ce qu'ils m'ont fait rire !

— Contez-moi ça, capitaine.

— Mon bateau était au radoub. Une grande semaine à rien faire. Je me promenais dans l'île, tout seul, avec un toupet infernal ; quand on sait s'y prendre, ils ne sont pas trop dangeureux, ces bougres-là. Il faisait un temps épouvantable, une vraie tempête !

Un jour, j'aperçus, installés sur une grosse roche, une douzaine de Canaques qui semblaient énormément s'amuser. Voici en quoi consistait le divertissement de mes gentlemen : un pauvre bougre d'Européen était à l'eau, nageant désespérément vers la côte, et les Canaques employaient, à son égard, le procédé de sauvetage un peu spécial qui consiste à projeter violemment des galets à la tête du naufragé.

Le pauvre bougre semblait à bout de force. J'intervins brutalement : à l'aide de coups de poing sur la figure et de coups de pied au derrière, judicieusement distribués, je fis entrer dans le cœur de ces brutes quelques sentiments de charité chrétienne. Se tenant par la main, ils formèrent la chaîne et tirèrent le malheureux de la limonade.

C'était un pauvre diable de matelot anglais qu'un coup de mer avait balayé du pont de sa goëlette et qui, à force d'énergie, venait de réusir à gagner la côte à la nage.

Je recommandai aux Canaques de soigner cet homme, de le sécher, de le réchauffer, etc., et je continuai ma route.

Quelques heures plus tard, en repassant

L'EXCÈS EN TOUT EST UN DÉFAUT

par cet endroit, mon odorat fut délicieusement affecté par un exquis fumet de rôti.

— Tiens, pensai-je, il y a, par là, des drilles qui se préparent un bon petit frichti.

Je fis quelques pas et j'aperçus, dans les rochers, mes Canaques autour d'un grand feu sur lequel grillait... devinez quoi !... mon pauvre Angliche de tout à l'heure.

Comme vous pensez bien, je me mis à égrener tous les jurons de mon répertoire ! Alors, un des Canaques se détacha du groupe, et me dit, sur un ton que je n'oublierai jamais : — Dame ! c'est toi qui nous as dit de le faire sécher !...

UNE VRAIE PERLE

Vers le commencement de ce mois environ, le jeune vicomte Guy de Neucoulant vit sa pauvre âme envahie par le vague.

Sa maîtresse l'avait planté là.

Pourquoi sa maîtresse l'avait-elle planté là?

Désirez-vous le savoir? Vous vous en fichez! Eh bien! et moi, donc!

Je vais tout de même, bien que la chose

ne comporte pas un intérêt excessif, vous la narrer.

Ce n'est pas que ce soit sale, mais ça tiendra de la place.

***

Hortense — ai-je besoin de dire qu'elle s'appelle Hortense — est une délicieuse personne, belle comme le jour, mais niaise comme la lune.

L'aisance avec laquelle cette jeune femme digère les plus démesurées bourdes, tient réellement du prodige.

Ah ! ce n'est pas elle qui inventa la mélinite (Regrettons-le pour M. Turpin, en passant). Seulement, quand elle s'aperçoit qu'on s'est fichu d'elle, Hortense en conçoit un vif ressentiment, et cette dinde se transforme en hyène, dès lors.

C'est cette susceptibilité qui amena la rupture annoncée plus haut.

Un jour qu'elle se trouvait avec Guy dans je ne sais plus quel bar américain (celui de la rue Volney, peut-être), un journal abandonné sur une table frappa ses regards. Ce journal s'appelait *The Shipping Gazette*. Elle demanda à Guy la signification de ce titre.

— Comment, fit Guy d'un air étonné, tu ne comprends pas ?

— Ma foi, non.

— C'est le journal des pick-pockets. En anglais, pick-pocket se dit *shipping*. C'est même de là que vient le mot français *chiper*.

— Allons donc !

— Puisque je te le dis.

— Eh bien, ils en ont du toupet les pickpockets, d'avoir un journal à eux ! Et la police, qu'est-ce qu'elle dit de ça ?

— La police le sait, mais elle n'y peut rien.

Le soir, comme Hortense dînait dans une maison amie, elle n'eut rien de plus pressé que de raconter son histoire du moniteur des filous.

Les gens n'avaient pas assez de mains pour se tenir les côtes.

Hortense comprit, et le lendemain matin elle cinglait sur Menton, accompagnée d'un riche sucrier américain, M. Gabriell Bonnett, directeur de la *Oxnard Beet Sugar Company, Grand Island, Nebraska* (U. S. A.), lequel la poursuivait depuis longtemps de ses assiduités.

Le pauvre vicomte Guy de Neucoulant

fut malheureux comme les pierres, mais avouez qu'il ne l'avait pas volé.

Pour comble d'ironie, Hortense lui laissait ce simple mot, pas trop bête pour elle :

« Mon cher ami,

» Si vous voulez savoir pourquoi je vous ai lâché, lisez le prochain numéro du *The Plaking Gazette.* »

Mais assez s'occuper de cette Hortense qui n'est qu'une grue, en somme, et passons à d'autres exercices.

*
* *

Guy était depuis longtemps sollicité par sa tante, la marquise de Pertuissec, d'aller chasser sur ce domaine qui devait lui revenir plus tard.

Sans plus tarder, il prit le train de 10 h. 57 (je précise) et arriva le soir chez sa digne parente.

Réception cordiale, bonjour mon neveu, bonsoir ma tante, tu as l'air un peu fatigué, comme vous avez bonne mine, quoi de nouveau à Paris, etc.

La marquise qui, dans son temps, ne crachait pas sur l'amour, était devenue, avec l'âge, d'une extrême sévérité.

Volontiers, elle oubliait les années disparues en lesquelles ce pauvre gringalet de marquis ressemblait à ces petits bœufs sénégalais, gros comme deux liards de beurre et dont les cornes ont l'air de poignarder les cieux.

Le château de Pertuissec s'était transformé en une véritable caserne de vertu.

C'est à qui y serait le plus vertueux, depuis les garçons d'écurie jusqu'à l'austère maître d'hôtel.

La domesticité femelle surtout était remarquable sous ce rapport, et c'était bien fâcheux, pensa Guy, car, mâtin ! les belles filles !

Au déjeuner, Guy ne put s'empêcher d'en faire la remarque.

— Tous mes compliments, ma tante, vous avez une petite femme de chambre qui n'est vraiment pas dans une potiche.

— Pourquoi donc serait-elle dans une potiche? demanda la marquise, non sans une nuance d'effarement.

Quand elle eut compris, la marquise s'étendit en louanges sur les beautés morales de la camériste, et ajouta :

— Une perle, mon ami, une vraie perle !

∗ ∗
∗

> Dans le grand parc solitaire et glacé,
> Deux formes ont tout à l'heure passé.

. . . .

J'arrête la citation des beaux vers de Paul Verlaine, car la suite ne serait pas conforme à l'esprit de ce récit.

Ces formes, en effet, n'ont pas les yeux morts; leurs lèvres ne sont pas molles, et si l'on entend à peine leurs paroles, c'est uniquement parce qu'ils remplacent la conversation par une pantomime vive et animée.

De ces deux formes, l'une — vous l'avez deviné, à moins d'être rudement bête — s'appelle Guy de Neucoulant.

Quant à l'autre, elle est constituée par la

jolie petite femme de chambre, une perle, une vraie perle !

C'est vers la serre que le couple se dirige.

La pâle Phœbé, indignée de ce spectacle, se bouche les yeux avec de gros nuages gris.

Faisons comme elle.

. .
. .

Guy n'avait pas tout à fait terminé de démontrer à sa parténaire qu'il ne la jugeait décidément pas dans une potiche, quand la porte de la serre s'ouvrit.

Un spectre figuré par la marquise de Pertuissec s'avançait :

Nul doute permis.

Le vicomte était rouge comme un coq (un coq rouge, naturellement).

La camériste jouissait à peu près de la même nuance, — en plus clair, pourtant. En outre, elle était décoiffée jusqu'aux moelles.

D'une prunelle sévère la marquise contemplait cette scène de carnage.

Tout penaud, Guy s'essuyait les genoux — geste assez coutumier en telles occurrences — et balbutiait de vagues mots d'excuse, bêtes :

— Mais enfin, ma tante, je ne suis pas venu ici pour enfiler des perles.

La marquise répondit froidement :

— On ne le dirait pas, mon garçon.

LA SCIENCE
AIDÉE PAR L'AMBITION POLITIQUE
PRODUIT DES MIRACLES

(Projet de panneau décoratif pour l'École de médecine.)

— Comment, c'est toi?

— Dame! me répondit tranquillement le Monsieur, oui, c'est moi! A moins que ce ne soit le bourgmestre de Bruxelles ou le prince Oscar de Suède...

— Je ne dis pas, c'est toi; mais combien

changé! *Quantum mutatus* lui-même ne devait pas être plus changé que tu n'es en ce moment... Alors, tu vas mieux?

— Je ne vais pas mieux, je vais tout à fait bien. Guéri, mon vieux, guéri! As-tu quelquefois été guéri?

— Plus souvent qu'à mon tour, mon pauvre ami. Et comment fus-tu guéri, et par qui?

— Oh! ça, c'est une histoire à se rouler par terre de rigolade en des crises épileptiformes!

— Mes ouïes s'ouvrent, tels des gouffres.

— Samedi matin, j'étais tout à fait mal, mais là, tout à fait mal, *broken down*, comme disent les Anglais. Moi-même, je me sentais bien fichu. Me croyant assoupi, la garde-malade causait à voix basse, avec mon beau-frère, des élections municipales. Un mot me frappa : « Le docteur Lehuppé, disait la bonne femme, pourrait bien passer. Il est très aimé dans le quartier. » Un éclair de génie fulgurant m'éblouit soudain. Un médecin candidat ! Voilà mon homme. En le priant de me guérir pour aller voter en sa faveur demain, j'obtiendrai peut être un peu de mieux : « Allez me chercher le docteur Lehuppé », m'écriai-je de la voix éteinte des agonisants. Le brave docteur arrive, un peu ennuyé d'être dérangé de ses préoccupations électorales. Je lui raconte mon petit boniment. « Je dispose, lui dis-je, d'une trentaine de voix dans le quartier, et patati, et patata. » Alors, voilà un homme qui m'ausculte, qui me palpe, qui me retourne dans tous les sens ! Il écrit son ordonnance : « Envoyez chercher ces remèdes chez le pharmacien... ou plutôt, non, j'y vais moi-même et je vous les rapporte. » Une potion dont il me fait avaler une cuillerée; c'était même assez dégoûtant; un liniment dont il me frictionne à tour de bras, etc., etc. Le soir, il revient, me refrictionne, me fait prendre une pilule, etc., etc. Bref, je dors comme je n'ai jamais dormi dans ma vie. Et le dimanche matin, remis, mon vieux, guéri comme avec la main!

— As-tu voté pour lui, au moins?

— T'es pas fou! Un vieux conservateur comme moi voter pour un sale républicain!

COMPLET

Tel que vous me voyez, mes chers amis, je n'ai pas toujours roulé sur les millions en or monnayé. Mes écuries ne regorgeaient point de ces pur-sang qui sont la gloire de l'élevage anglais — et même je n'avais pas d'écuries.

Mes remises — et même je n'avais pas de remises — étaient veuves (oh! que lamentablement!) du coupé cerise et du landau bouton d'or, honneur de la carrosserie française.

Des fois — vous me croirez si vous voulez — mes finances immédiates m'interdisaient toute nolisation de fiacre banal ou de sapin vulgaire.

Et quand mes affaires ou mes plaisirs me contraignaient à mobiliser mon corps humain, la seule ressource me restait des omnibus, et encore — tristement parfois — de l'usage exclusif des impériales.

Un jour (j'étais à cette époque tambour au cirque Plège — oh! ma jeunesse! — alors à Versailles), je débarquai à la gare Saint-Lazare en destination pour le Panthéon, où je comptais une petite bonne amie, pas jolie, mais d'une bienveillance!

Les omnibus arrivaient à la Madeleine

dans un état de plénitude vraiment indécent, les impériales surtout.

Et la chaleur qu'il faisait !

L'asphalte des boulevards semblait une pâte de réglisse en cuisson, où les talons des passants s'enfonçaient sans sonorité.

Je ne me rappelle plus bien pourquoi je m'obstinais à ne pas pénétrer dans l'intérieur.

L'excessive thermométrie de cette journée, ou si c'était le bas-fonds de mes ressources ? Qu'importe !

Les omnibus arrivaient donc complets de la place de Courcelles et regagnaient le Panthéon plus complets encore.

Alors, je m'avisai d'un stratagème dénué de scrupules, mais si malin...

Il y a si longtemps, mes chers amis, que je peux bien vous conter cette fripouillerie.

Un omnibus *Courcelles-Panthéon* poignait (du verbe *poindre*) à l'horizon.

J'ajouterai qu'il était aussi complet à lui seul que tous les autres précédents, réunis.

Sur le bout d'un banc de l'impériale (le bi du bout du banc comme on disait alors avec juste raison) se tenait un gros monsieur sanguin d'apparence rageuse.

Personne ne descendit, et le véhicule se remit en route, lentement à cause de la rue encombrée.

J'interpellai le monsieur sanguin en des termes d'où j'avais banni toute courtoisie.

Notamment, je lui reprochai de recevoir de l'argent d'une vieille dame anglaise soûlarde et morphinomane.

J'ajoutai tumultueusement qu'il avait pratiqué sur sa propre grand'mère des manœuvres abortives qui avaient entraîné la mort de la pauvre vieille.

D'abord, le monsieur sanguin ne crut pas que ces reproches immérités s'adressaient à lui.

Il regarda ses voisins ; ses voisins le regardèrent et, dès lors, il n'y eut plus d'erreur.

C'était bien lui.

Il leva le bras, brandit une forte canne et s'écria : Sacré polisson !

J'insistai.

Heureusement pour vous, mesdames mes lectrices, je suis trop bien élevé pour répéter ici les injures de toute sorte que je prodiguai au monsieur sanguin.

Toute l'impériale éprouvait une joie sans mélange, mais lui devenait de plus en plus gêné.

Son teint avait graduellement gravi les degrés qui séparent le rouge brique du plus vif écarlate.

Il criait toujours : sacré polisson ! mais tout de même il ne descendait pas.

— Où est-elle donc, me disais-je, l'injure suprême qui le fera quitter le bi du bout du banc ?

Je m'aperçus à ce moment qu'il était décoré de la médaille militaire. Une révélation !

Avec une véhémence inouïe, je l'accusai d'adresser à M. de Caprivi une correspondance journalière fourmillant d'indiscrétions sur notre organisation militaire.

Je ne m'étais pas trompé.

Le plus vif écarlate abandonna la physionomie du vieux brave, qui se décolora, livide.

Il descendit.

Moi, par un habile mouvement tournant, je quittai le côté droit pour me ruer sur le gauche, en passant devant les chevaux, et tandis que l'homme sanguin cherchait son obscur blasphémateur, je m'installai confortablement à sa place, sur le bi, etc.

L'homme sanguin ne me rencontra pas, mais comme un gommeux idiot riait beaucoup de l'aventure, il lui administra une homérique raclée.

Et je ne plaignis pas le gommeux idiot, car on ne doit jamais se moquer des gens dans l'embarras.

UNE HALLUCINATION

EXPLIQUÉE DE LA FAÇON LA PLUS SIMPLE DU MONDE

Les fêtes de Pâques ont été favorisées par un temps exceptionnel. Dimanche et lundi, de nombreux Parisiens en ont profité pour se rendre en famille, à la campagne.

Ce qu'on a consommé, sur l'herbe, de jambonneau et de veau froid tient, presque, du prodige.

Les pointeurs du *Journal*, spécialement chargés de cette statistique, nous rapportent ce résultat, vraiment extraordinaire : 740,000 tonnes ! chiffres qui, croyons-nous, n'avait point été atteint depuis l'été de 1879.

L'été de 1879, hâtons-nous de l'ajouter, restera légendaire dans l'histoire de la consommation du jambonneau et du veau froid.

A cette occasion, félicitons notre excellent confrère Baïssas qui, très obligeamment, avait pris la direction des pointeurs, et qui a apporté, dans cette besogne, une activité surprenante et un tact parfait.

Quant à moi, je profitai de ce congé pour faire mon petit pèlerinage annuel à la foire au pain d'épice, en compagnie de deux excellents camarades qui ne sont autres que Mgr le duc d'Aumale et M. Gidel, le sympathique proviseur du lycée Condorcet.

Nous eûmes vite assez, mes amis et moi, de l'insupportable poussière qui sévissait dans le cours de Vincennes, et, très altérés, nous nous installâmes à la terrasse d'une brasserie de la place du Trône où l'on nous servit trois bocks d'une petite *pissenbrau*, je ne vous dis que ça.

Nous causâmes de choses et d'autres. Le duc d'Aumale fourmille en souvenirs piquants et Gidel miroite littéralement d'aperçus ingénieux.

Bref, nous bavardâmes à tour de bras.

Devant nous se dressait une baraque, pas encore ouverte, et dont l'enseigne était en lettres russes.

Un immense tableau, sur la devanture, représentait une grande dame slave qui semblait être du dernier bien avec une manière de tzar tout vêtu de blanc.

Que vendait-on dans cette baraque ? Je l'ignore encore, mais c'était une belle baraque, solidement établie et d'aspect cossu.

Une ligne de points pour abréger.

. . . .

Tout à coup, au beau milieu d'une histoire un peu risquée de Gidel, je vis Henri... (c'est le duc d'Aumale que j'appelle ainsi. Dame! nous ne nous connaissons pas d'hier!)

Je vis Henri, dis-je, dont la face était devenue toute blanche et dont s'écarquillaient les yeux.

— Quoi ? fis-je, inquiet. Qu'y a-t-il ?

Et Henri, blême, le bras tendu, balbutiait :

— La baraque russe! La baraque russe!

Alors, à nous aussi, la face se décolora.

La baraque russe n'était plus là !

Cette baraque russe que nous venions d'admirer, il n'y avait pas cinq minutes, cette baraque russe n'était plus là !

C'était trop fort !

On n'avait pourtant pas eu le temps de la déménager. Et puis, on s'en serait bien aperçu.

Henri, Gidel et moi, nous étreignions nos crânes prêts à éclater.

Ce fut une minute d'angoisse inexprimable.

Soudain, Gidel eut ce bon éclat de rire que connaissent bien les élèves de Condorcet :

— Mon Dieu ! s'écria-t-il, faut-il que nous soyons bêtes.

— ???

— La baraque russe....

— Eh! bien, la baraque russe ?

— Eh! bien, la baraque russe, elle est toujours à sa place.

— ?????

— C'est nous qui avons changé de café.

UN NOUVEL ÉCLAIRAGE

— Tiens, ce vieux Lafoucade ! Comment vas-tu ?

— Le mieux du monde.

— Et que fais-tu à Paris ?

— Je suis venu dans le but de me procurer des capitaux pour lancer une grosse affaire.

— Ah bah ! Et de quelle nature ton affaire ?

— Une idée qui m'est venue, il y a quelques années au Tonkin. Un soir, des espions viennent nous apprendre qu'une bande de pirates s'est réfugiée dans un village distant de quelques kilomètres. A la hâte, on forme une colonne dont le lieutenant Cornuel prend le commandement et nous voilà partis. Une nuit noire, mon cher ami, mais d'un noir! On se serait cru dans une mine de houille à Taupin. Pas de lune, pas d'étoiles au ciel, et pas de becs de gaz dans les rizières !

— Allons donc!

— Tout à coup, nous nous sentons éclairés, aux flancs de la colonne, par une lumière douce, étrange, fantastique. On croyait marcher dans de l'or gazeux. Nous regardons autour de nous et nous apercevons... deviné quoi ?

— Ne me fais pas languir !

— Des tigres mon vieux ! Une bande de tigres. Les yeux de ces fauves brillaient, telles des braises, et tous les regards de ces fauves réunis constituaient une lumière superbe.

— Epatant !

— Depuis cette époque, l'idée me tourmentait de mettre en pratique un éclairage splendide. J'ai beaucoup travaillé la question et je vais lancer la *Société d'éclairage par les yeux de Tigres.* D'abord ce sera plus pittoresque que le gaz ou l'électricité. Sur d'élégantes colonnes de fonte, on installera des cages contenant des tigres adultes. Des cages solides, bien entendu, car une *fuite de tigre* offrirait des inconvénients beaucoup plus dangereux qu'une fuite de gaz.

— Oh ! on s'en apercevrait tout de suite.

— Probablement. Quand on sentirait quelques crocs pointus pénétrer indiscrètement dans sa cuisse, on dirait : Tiens, il doit y avoir une *fuite de tigre* dans le quartier !

— Les gaziers seraient remplacés par des dompteurs : ce serait bien plus drôle.

— Ce serait charmant, je te dis !

— Est-ce que tu ne crois pas que pour le prix de revient ?...

— Pas tant que tu crois, car la *Société générale d'éclairage par les yeux de Tigres* ferait comme la *Compagnie du Gaz* qui réalise d'énormes bénéfices avec ses résidus. Sais-tu, par exemple, comme le fumier de tigre est excellent pour les rhododendrons et les pétunias?

— Bonne idée cela.

— Le temps me manque pour te développer mon affaire. Je t'enverrai le prospectus. Au revoir, mon vieux.

— A un de ces jours, Lafoucade.

. . . .

J'ai eu l'occasion, il y a quelques jours de faire la connaissance du susnommé Cornuel (un excellent garçon).

— Dites-moi, fis-je un peu défiant, avez-vous rencontré beaucoup de tigres au Tonkin?

— Pas un seul? Le seul tigre que j'ai vu en Indo-Chine, c'est un vieux tigre dans une ménagerie de Saïgon, un pauvre vieux tigre aveugle qui ressemblait bien plus à une descente de lit qu'à un dangereux carnassier.

CRUELLE ÉNIGME

> Alors, quoi?...
> (Raoul Ponchon.)

La vie parisienne pullule de mystères, gros ou petits, souvent inextricables, dont les héros emportent le secret avec eux dans la tombe.

Beaucoup de Parisiens, et des meilleurs, sont arrivés à de précoces calvities par l'arracher constant de leurs cheveux, en cherchant le mot de l'énigme. Cruelle énigme !

Je connais, moi qui vous parle, des tas d'histoires ténébreuses qui ne peuvent s'expliquer que par la magie noire, l'astralisme, ou les influences démoniaques.

Une, entre autres :

Je ne vous présenterai pas M. Flanchard, un insignifiant cocu, dénué d'intérêt.

Autre paire de manches, madame Flanchard. Tout bêtement exquise.

Très tempéramenteuse, madame Flanchard avait depuis longtemps contracté l'habitude d'alléger les lourdes chaînes de l'hymen avec les bouées roses de l'adultère. (Je suppose bien entendu que la vie est un océan.)

Elle avait, au moment où commence cette histoire, pour bon ami, un joli petit homme pas plus gros que ça, mais vaillant, en dépit de sa courte taille, et gentil comme tout. Les bons onguents ne se rencontrent-ils pas toujours dans les petits pots ? Un petit verre de bon bourgogne ne vaut-il pas mieux, dites-moi, que les plus spacieux hanaps remplis d'abondance ?

Madame Flanchard adorait son petit amant et ne le lui envoyait pas dire.

Et il lui semblait — les femmes sont si drôles ! — que le péché fût moins capital avec un complice si menu, et puis, c'est moins voyant qu'un tambour-major de la garde républicaine, surtout en grande tenue.

Sur le dernier point, madame Flanchard faisait preuve de grand sens.

Sur le premier, elle se trompait grossièrement. La dimension des amants ne fait rien à la faute. Que les épouses le sachent bien!

Une femme mariée qui couche avec Édouard Philippe est aussi coupable que telle autre qui consent à avoir des relations adultérines avec Pascalis.

Fermons cette parenthèse, à cause du courant d'air, et revenons à nos moutons.

Madame Flanchard habitait le faubourg Saint-Germain, et l'amant exigu la rue des Martyrs (presque en face de chez moi).

Il arrivait souvent à la dame d'aller quérir son amoureux. Les deux fautifs montaient en voiture et s'en allaient où il leur plaisait d'aller (cela n'est pas notre affaire).

Or, un jour de la semaine dernière — vous voyez que je ne vous raconte pas du moyen-âge — madame Flanchard et son ami prirent une voiture de l'Urbaine — je précise — et ordonnèrent au cocher de descendre rue des Martyrs et le faubourg Montmartre. Après on verrait.

La conversation s'engagea bientôt, tendre, ardente, pressante.

— Non, Alfred, disait mollement la dame, pas ici, il y a trop de monde dans la rue.

— Qu'est-ce que ça fait ? insistait Alfred. Nous nous en fichons du monde !

— Tout à l'heure.

— Non, tout de suite.

Ce dernier mot fut dit sur un tel ton d'autorité que madame Flanchard crut ne pas devoir résister davantage à la proposition — laquelle ? je l'ignore — du petit homme.

C'est ici même que commence le mystère.

Aux angles des rues de Maubeuge,

de Châteaudun et faubourg Montmartre, s'étale un des plus meurtriers carrefours de Paris.

Les piétons, les sapins, les omnibus, les enterrements semblent s'y donner rendez-vous. Ce sont, à chaque instant, des encombrements sans nom, et il n'est pas rare d'assister là à quelque joyeuse écrabouillade de gens à pied.

(Avant-hier, mon coupé a passé sur le dos d'une dame âgée, et cela m'a produit un bien déplaisant soubresaut.)

Le fiacre qui trimballait les amours de madame Flanchard dut faire comme les autres et prendre la file, au pas.

Justement, sur le trottoir en face, se trouvait M. Flanchard.

Tâchez d'expliquer ce phénomène, ô grossiers matérialistes : Tout à coup, M. Flanchard ressentit à la poitrine le choc affreux du pressentiment.

Avec l'assurance inconsciente des somnambules, il se dirigea tout droit, sans une seconde d'hésitation, vers le sapin coupable.

Il ne s'était pas trompé : sa femme y était, mais ELLE Y ÉTAIT SEULE.

Personne, vous entendez bien, n'était descendu de la voiture, et pourtant *elle y était seule*!

Tout à la joie de son erreur, Flanchard se retira, radieux d'avoir une tant fidèle épouse.

C'est là où se corse cette action ténébreuse. Quelques minutes plus tard, ILS ÉTAIENT DEUX dans le fiacre.

Personne, vous entendez bien, n'était monté dans le fiacre, et pourtant, *ils étaient deux!*

Ils étaient même deux qui s'amusaient joliment.

Toute rose, madame Flanchard racontait son trac de la rencontre.

Et, sur le ton de la remontrance doucement triomphante, le petit homme disait :

— Tu vois, hein ?... Toi qui ne voulais pas !

. . . .

La vie parisienne pullule de mystères gros ou petits, souvent inextricables, et dont les héros emportent le secret avec eux dans la tombe.

UNE IMPORTANTE RÉFORME

A LA COMPAGNIE DE L'OUEST

Rappelons le fait d'une façon succincte.

Il y a quelques mois, un nommé Perrin (Emile) descendait précipitamment l'escalier d'une maison de la rue Saint-Lazare en s'écriant : On a tué ma femme!

La concierge et diverses autres personnes montèrent alors dans l'appartement désigné, qu'ils trouvèrent en grand désordre.

Les tiroirs de la commode, la porte de l'armoire, tout était ouvert, même la gorge de la locataire, une fille galante du nom de Louise Lamier.

La police flaira tout de suite un crime.

L'enquête révéla que le susnommé Perrin, employé au chemin de fer de l'Ouest, vivait maritalement, — marmitalement, disent les mauvais plaisants — avec la victime. La comptabilité qu'il tenait des affaires de cette dernière était tenue avec une ponctualité et un soin qu'on retrouverait difficilement dans les livres de plus d'une grande Compagnie.

Par jalousie, sans doute, les grosses légumes de la gare Saint-Lazare s'empressèrent de rendre M. Perrin à ses chères études.

Cette brutale révocation d'un employé modèle me frappa vivement, et je n'eus rien de plus pressé que d'aller voir un peu dans les bureaux de l'Ouest de quelle façon on la justifiait.

En l'absence du secrétaire général, je fus très aimablement reçu par M. Charles Raymond.

— Mon Dieu, fit ce dernier, la chose est des plus simples. La Compagnie de l'Ouest, détail ignoré du public, a toujours attaché beaucoup d'importance aux relations féminines de ses employés. Certes, nous ne demandons pas qu'on se ruine pour les dames, mais, sous aucun prétexte, nous ne supporterons qu'un des nôtres fasse bourse commune avec une de ces créatures qui font métier de leurs charmes. A la suite de l'affaire de la rue Saint-Lazare, un nouveau règlement a été élaboré dans ce sens.

En voici les grandes lignes : au-dessous de 2,400 francs par an, les employés de l'Ouest non mariés ne doivent avoir de relations qu'avec des dames du petit commerce : fruitières, crémières, épouses de rétameurs. Puis la gradation continue. Plus l'employé est payé, plus haut ses affections doivent viser. C'est ainsi que les fonctionnaires les plus importants de notre administration ont des maîtresses dans la haute banque, le grand commerce, la magistrature assise...

— Le clergé ?

— Farceur ! Quant aux directeurs, ils seraient impitoyablement révoqués si on leur découvrait la moindre bonne amie en dehors des princesses appartenant à une famille régnant ou ayant régné en Europe.

— C'est égal, vous avez été bien dur pour ce pauvre Perrin ! N'auriez-vous pas pu, au lieu de le renvoyer brutalement, lui trouver une fonction en rapport avec ses aptitudes : employé à la gare maritime de Dieppe, par exemple, ou bien encore attaché spécialement au service des trains de marée?

— On y a pensé, mais ces messieurs ont jugé qu'un exemple était nécessaire.

— Et Dreux, cet autre employé impliqué aussi dans cette regrettable affaire?

— Dreux sera maintenu dans ses fonctions. C'est, d'ailleurs, un employé modèle, doux, affable et à qui on aime s'adresser plutôt qu'à ses chefs hiérarchiques un peu hargneux. D'où le dicton bien connu dans la Compagnie de l'Ouest : *Il vaut mieux s'adresser à Dreux qu'à ses singes* (le mot *singe* pris ici dans l'acception de *patron*).

L'entrevue se trouvait terminée. Je remerciai M. Raymond et nous nous quittâmes après avoir pris un ballon blonde au Terminus.

DALLE EN PENTE

Comme nous passions, une après-midi, avenue de l'Opéra, la jeune femme que j'avais au bras me dit :

— Je prendrais bien quelque chose.

Et nous pénétrâmes dans une pâtisserie en vogue.

Cependant que ma compagne buvait et mangeait mille frivoles aliments, moi, sans appétit — la fangeuse orgie de la veille, sans doute, — je contemplais l'épisodique ambiance.

Deux jeunes personnes entrèrent, acolytement.

L'une cossue, l'autre humble.

L'autre — oh ! certes — l'institutrice de l'une.

Et elles s'assirent.

Jolies toutes deux, mais autrement.

L'institutrice fine et blonde ; mais d'un fin trop fin — dessiccation, peut-être — et blonde, mais d'un pauvre blond lixivié, semblait-il, par la misère et l'humiliation.

Fine aussi, la jeune élève, et blonde. Mais quelle finesse, ô Dieu, et quelle blondeur !

Fine, tel un ambre recueilli vers quelque improbable Baltique, et blonde ainsi que les ors blonds fondus au sein des creusets les plus réputés pour la fabrication de l'or blond.

Très douce pourtant et très comme il faut, la jeune élève professait, à l'égard de sa gouvernante, des manières gentiment accortes dont je lui sus gré, en la cajolerie de mon cœur.

Et voici ce que je vis :

Une demoiselle de la pâtisserie, sans attendre qu'on le lui demandât — une coutume, on le voyait bien — apporta deux assiettes, deux verres de madère, des babas au rhum et des gâteaux secs.

La gouvernante grignota un gâteau sec, avec un air soumis.

La jeune fille cossue saisit délicatement, entre ses doigts gantés, un verre de madère et...

Je dirais bien : *Elle le but*, mais je

ne rendrais qu'imparfaitement l'opération accomplie.

Une pompe aspirante, actionnée par un moteur de 120 chevaux, n'aurait pas asséché ce verre plus vite ni plus formellement.

J'ai vu, dans ma vie, bien des dalles en pente ; j'ai vu vider bien des verres, bien des bouteilles et même bien des litres. J'ai assisté à un nombre infini d'exploits en beuverie, mais jamais, au grand jamais, coupe ne fut, devant moi, plus prestement vidée.

La jeune fille continua son lunch par les babas au rhum.

La gouvernante grignotait toujours des gâteaux secs.

Quand les babas au rhum y furent tous passés, la jeune fille saisit le madère de la gouvernante et... heup !

Même exécution que plus haut.

— Bravo ! pensai-je à part moi, émerveillé, tu vas bien, ma petite !

La petite appela, d'une jolie voix suavement timbrée : Mademoiselle ?

Accourut la demoiselle de la pâtisserie qui les avait déjà servies.

D'un petit geste circulaire, la jeune fille indiqua qu'on renouvelât les consommations, tant liquides que solides.

On apporta gâteaux secs et babas au rhum, et deux nouveaux madères furent versés.

Les babas au rhum et les deux madères prirent bientôt la même route — oh ! la tant belle route ! — que leurs initiaux.

Et à l'aide de nul boulier (1), j'opérai ce

---

(1) Le *boulier* est un instrument qui sert à calculer, au moyen de boules enfilées. Les Chinois s'en servent couramment et le dénomment *swan-pan*.

calcul simple, mais bien digne d'étonner mon impassibilité :

Voilà une fillette de dix-sept ans qui, en moins de cinq minutes, vient de s'enfiler dans l'économie six babas au rhum et quatre verres de madère.

Sans m'attarder à trouver l'âge du capitaine, je conclus que cette fillette avait du tempérament.

Avec une curiosité plutôt méchante, j'attendais le moment où se lèverait cette intrépide vide-madère.

Mais j'en fus pour mes frais.

Elle se leva, comme se lève une jeune fille qui vient de boire un verre d'eau rougie, et rentra dans la rue, calme, fraîche, souriante et suivie de sa gouvernante humble.

Durant les jours qui suivirent, je pensai

souvent à cette petite scène, et l'envie me prit d'y assister encore.

Je reconstituai les détails.

Un mardi, cinq heures, rouleau de musique, leçon de chant, probablement, ou de piano.

Et le mardi d'après, un peu avant cinq heures, je me réinstallais à la pâtisserie.

Vaine ne fut point l'attente.

Bientôt, elles entrèrent.

L'institutrice grignota de nouveau ses gâteaux secs.

La jeune fille fit disparaître, comme par enchantement, ses quatre madères et ses six babas au rhum.

Je les suivis.

Hé parbleu, je ne m'étais pas trompé.

Elles pénétrèrent dans une maison qui portait, au coin de sa porte cochère, une vaste plaque de cuivre : *Enseignement musical, Piano, Solfège, etc.*

La leçon durera une heure, pensais-je, et je pris place à une proche terrasse de café, laquelle m'offrait un poste d'observation très *convenient*, comme disent les Anglais.

Au coup de six heures, les jeunes filles sortirent.

Elles remontèrent l'avenue de l'Opéra et gagnèrent, par les voies les plus directes, le boulevard Malesherbes.

Une immense pâtisserie américaine, très courue à l'époque (vous rappelez-vous ?) se trouvait dans ces parages.

Sans hésiter, et comme mues par une vieille habitude, elles entrèrent.

Ce fut alors la même scène qu'à l'avenue de l'Opéra avec ces légères modifications :

le madère remplacé par du porto, la capacité des verres double, et mademoiselle, jugeant les babas trop secs, exigeant qu'on les humectât d'une affusion copieuse de rhum et tenant à ce que le rhum fût de la marque X... (*Case à louer.*)

Elle paya, se leva et disparut, sans que rien, dans sa démarche souple, ne trahît tous les vins généreux que recélait son petit estomac, sans parler des additionnels rhums.

J'aurais bien aimé à recontempler ce spectacle, mais, vers cette époque, entièrement brûlé à Paris, je dus me résoudre à aller faire des dupes en des provinces inexplorées.

A peine de retour à Paris, je recevais une lettre de faire-part de mariage. Mon ami Léon Delarue, l'électricien bien connu, épousait mademoiselle Jane A..., et me conviait à la bénédiction nuptiale et au bal.

A la sacristie, je reconnus la fiancée.

Vous aussi, lecteurs, gros malins, vous la reconnaissez : c'était la redoutable dégustatrice de l'avenue de l'Opéra et du boulevard Malesherbes.

Et comme elle était jolie en blanc !

Au bal, elle fut l'exquisité même.

Tout le monde enviait l'ami Delarue.

Les yeux de la fiancée luisaient ainsi que des escarboucles.

Son teint aurait fait paraître livides les plus impériales cerises de Montmorency, et je savais, moi, que cet incarnat ne devait pas être, exclusivement, mis sur le compte de la pudeur.

Les deux époux, à un moment, disparurent, furtifs.

Les vers de Dujardin dans le *Chevalier
du Passé* me bourdonnaient aux tempes :

> Elle va livrer son corps de folle
> Aux dangereuses hyperboles.

Et — c'est bête — en rentrant chez moi,
j'étais tout drôle.

LA FAUSSE BLASPHÉMATRICE

La pluie m'avait surpris au bas de la rue de Rennes, en face de la burlesque statue du regretté Diderot.

Une averse triste, grise, obstinée.

Si je vous disais que j'avais oublié mon parapluie, je mentirais : je n'ai pas de parapluie. (Ça va bien quand il fait beau, mais quand il tombe de la pluie, je suis trempé jusqu'aux os, comme dit la chanson.)

Alors, quoi ? me réfugier sous une porte cochère ? Tel n'est point mon apanage.

Entrer dans un café et y attendre la fin de l'averse ? Je n'ai jamais mis les pieds dans un café et je ne commencerai pas à mon âge.

L'église Saint-Germain-des-Prés me tendait son porche. Je m'y ruai littéralement.

Du haut du ciel, sa demeure dernière, feu Germain des Prés devait être enchanté, car son saint lieu était plein, comme aux meilleurs temps de la foi chrétienne.

Des femmes surtout, et des jeunes filles, et des enfants. Et aussi des messieurs.

Certaines dames, d'esprit probablement très pratique, ne tenaient point à perdre leur temps. On les voyait utiliser leur séjour forcé dans l'église en signes de croix et prières, comme elles auraient pu faire du crochet, si la situation y eût prêté.

Et la pluie tombait toujours.

Un jour gris passait par les vitraux violets et mettait dans l'air je ne sais quelle vague angoisse planante.

Dehors, les tramways passaient, et leurs cornes jetaient de rauques clameurs, comme de mort.

Les petits lustres allumés sempiternellement devant le tabernacle clignotaient. ainsi que des yeux tristes et fatigués.

Je m'étais assis près de l'autel de la Vierge.

Et je vis une chose inouïe.

Par la porte latérale du boulevard Saint-Germain, entra une petite vieille, sordide, ratatinée à faire peur, une pauvresse mauvaise à qui je donne des sous, par trac.

Ses guenilles étaient absolument saturées d'eau.

Toute grelottante, elle s'avança dans l'allée de la Vierge.

A une quinzaine de mètres de l'autel, elle s'arrêta net au beau milieu du passage et s'y tint debout.

Sur le fond, or sur bleu, luisait, autour de la Reine des Anges, l'inscription : *Consolatrix afflictorum*.

La mendiante esquissa un humble signe de croix et demeura ainsi, les mains passées dans son vieux caraco, toute recroquevillée.

Un peu étonné de découvrir des sentiments religieux chez cette mauvaise petite vieille, je ne me lassais pas de la contempler.

D'abord, elle avait eu l'air d'implorer.

Et puis, petit à petit, voilà que son attitude changeait.

Elle avait redressé, autant qu'elle pouvait, sa maigre taille. Ses bras étaient croisés haut sur sa poitrine, et elle semblait, la misérable, défier la mère de Notre-Seigneur.

Je dois à la vérité de déclarer que l'épouse de saint Joseph paraissait assez peu se préoccuper de cette impertinence.

La pluie cessa ; l'église se vida.

Il ne restait plus, près de la Vierge, que deux ou trois dévotes, la pauvresse et moi.

Et j'eus l'explication.

Pauvre vieille ! Elle s'était installée sur la bouche d'un calorifère.

Elle ne blasphémait pas : elle séchait.

HALF AND HALF

MIMORIGOLODRAME EN ONZE TABLEAUX, DESTINÉ AU THÉATRE DES JEUNES-AVEUGLES

ARGUMENT

PREMIER TABLEAU

La scène représente la terrasse d'une brasserie à britishes prétentions. Sur les vitres, le passant attardé (il est midi moins le quart) peut lire : *American Drinks, Luncheon, Pale Ale, Stout.*

Malgré soi, on évoque les deux vers du poète Alphonse Allais :

Soubeyran, marchand de vin, pale ale, porter,
Sous Berr, en marchant, devint pâle à le porter.

DEUXIÈME TABLEAU

Une jolie petite femme s'installe à la terrasse et frappe la table de zinc du bout de son ombrelle. Arrive Pierrot, garçon de café.

TROISIÈME TABLEAU

Pierrot, suffoqué jusqu'aux moelles par le charme de la jeune personne, lui demande ce qu'elle *prend*.

La jeune personne exprime qu'elle désire un vermouth-cassis, surtout, pas beaucoup de cassis.

QUATRIÈME TABLEAU

Cependant que Pierrot est rentré dans l'établissement, afin d'y quérir les éléments constitutifs d'un vermouth-cassis, deux reconnaissables snobs prennent place à un guéridon, non loin de l'exquise créature.

CINQUIÈME TABLEAU

Revient Pierrot. Il sert l'adorée, non sans trouble, et s'informe auprès des ridicules quidams de ce qu'ils *prennent*.

Les imbéciles en question demandent une pinte d'*half and half*, ce qui est un mélange de blonde ale et de stout noir comme l'Erèbe.

SIXIÈME TABLEAU

Troublé, plus qu'on ne saurait dire, par la présence de la jolie petite bonne femme, Pierrot se trompe, et au lieu d'une pinte de *half and half*, il rapporte une pinte d'ale.

SEPTIÈME TABLEAU

Les snobs gueulent, tels des putois.

HUITIÈME TABLEAU

Pierrot, extrêmement embêté de son erreur, car la patronne est rosse, remporte sa bière et se dispose à remettre les choses en état quand...

NEUVIÈME TABLEAU

... Une idée géniale lui vient. Il prend une écritoire de l'établissement, verse quelques gouttes d'encre dans la blonde ale des snobs et leur rapporte, avec un bon sourire, cette mixture inédite.

DIXIÈME TABLEAU

Les snobs boivent et trouvent ça très bon.

ONZIÈME TABLEAU

Si bon qu'ils partent, laissant à Pierrot un gros pourboire avec lequel il entretient la jolie petite bonne femme.

ESSAI

SUR UNE NOUVELLE DIVISION
DE LA FRANCE

Je viens de mettre la dernière main à un petit travail dont — l'avouerai-je? — je me sens extraordinairement satisfait.

Ma première démarche a été pour en faire part à mon ami le captain Cap, ancien *starter* à l'Observatoire d'Ottawa (le même dont je parlais naguère et qui donnait le *départ* aux étoiles filantes.)

De la meilleure grâce du monde, le captain Cap voulut bien reconnaître que, depuis Strabon, nulle conception géographique comparable à la mienne n'avait vu le jour.

— Galilée, lui-même, qui n'était pas un serin, ajouta Cap, n'aurait pas pensé à cela.

Ce petit flatteur préambule une fois posé, arrivons au creux de la question :

Vous n'êtes pas sans avoir remarqué qu'on a donné le nom de *Midi* à la partie méridionale de la France.

Je vais dans le Midi. J'arrive du Midi.

Les médecins lui ont conseillé d'aller passer l'hiver dans le Midi. Il a l'accent du Midi, etc., etc., etc., telles sont les courantes locutions qu'on entend chaque jour et contre lesquelles personne, je gage, n'a songé à protester, tant cette appellation semble naturelle à tous.

Pourquoi cela ?

Pourquoi, seules, les contrées du Sud bénéficieraient-elles de cette dénomination chronométrique, alors que pas un autre pays de France ne s'appelle le *Minuit* ou le *Quatre heures moins le quart ?*

Je le répète, cet état de choses ne répond pas aux idées de justice que nous portons tous au cœur, et je crois avoir imaginé un petit projet qui arrangerait à souhait cette partialité flagrante.

Personne n'aurait plus à se plaindre, et la France serait toujours la France, alors que les Français ne cesseraient un instant de demeurer Français.

Voici mon projet. (Je vous le donne pour ce qu'il vaut, bien que je ne le considère pas comme beaucoup plus bête que bien des idées de membres de l'Institut.)

On diviserait la France (idéalement, bien entendu, car elle est assez divisée comme ça, la pauvre bougresse) en douze tranches longitudinales dont chacune porterait le nom d'une heure de l'horloge.

Le *Midi* serait toujours le *Midi*; la tranche d'au-dessus s'appellerait l'*Onze heures*, celle d'au-dessus le *Dix heures*, et ainsi de suite jusqu'au Nord.

La tranche où se trouve Dunkerque se dénommerait par conséquent l'*Une heure*.

Tout cela vous semble un peu bizarre, parce que vous n'êtes pas habitués ; mais, la première fois qu'un homme a dit : « Moi, *je suis du Midi* », cette phrase a paru bien drôle aussi, soyez-en convaincus.

Et puis, pendant qu'on y serait, qui nous empêcherait de partager la France en long, comme nous venons de la partager en large, c'est-à-dire dans le sens des longitudes.

On ferait sept zones qui porteraient chacune le nom d'un jour de la semaine, à commencer par les parages de Brest, qui s'appelleraient *Lundi*, pour terminer à nos frontières de l'Est, là-bas (pensons-y toujours, n'en parlons jamais), qui s'appelleraient *Dimanche*.

On déterminerait ainsi des tas de petits carrés dont le seul énoncé indiquerait exactement la situation, beaucoup plus clairement qu'avec la vieille et ridicule mode des degrés de longitude et de latitude.

Paris, si je ne me trompe, se trouverait dans le *Jeudi-Cinq heures*.

Mon projet, comme vous le voyez, est simple, trop simple même pour être adopté par ces messieurs du gouvernement.

J'aperçois d'ici la tête du directeur du bureau des longitudes.

Avez-vous vu, dans Barcelone, une grosse légume hausser les épaules ?

LE PATRON BON AU FOND

MAIS UN PEU NARQUOIS ET L'EMPLOYÉ
PAS SÉRIEUX POUR UN SOU

HISTOIRE ÉCOSSAISE

Lucie, ma jolie petite british bonne amie, ma tant blonde, comme disent les poètes, m'a conté une histoire qui fit ma joie.

C'est arrivé, paraît-il, en Écosse. Mais n'ajoutez aucune importance à ce détail, car la chose aurait pu aussi bien se passer dans le Hanovre, le Rouergue, le Palatinat ou la vallée d'Auge.

Ce récit gagnera à être lu, par places, avec un léger accent anglais :

Le jeune Alexander Mac-Astrol était un charmant garçon, doué d'une figure avenante et d'une bonne humeur incoercible.

De plus, musicien consommé, rompu aux mille séductions de son âge et de son sexe, il excellait à tous les sports, à tous les divertissements, ce qui le faisait rechercher des meilleures familles d'Édinboro (coutumière façon nationale de dire et d'écrire *Edimbourg*.)

Malheureusement, toutes ces belles qualités étaient gâtées par l'abominable défaut de paresse : Alexander Mac-Astrol était paresseux comme tous les loirs de la création, y compris le peintre Luigi Loir lui-même.

En outre, il était peu sérieux en affaires : quand on l'envoyait en course, il demeurait de très longs temps à fumer des cigarettes dans Princes-Street, ainsi que font les Français sur les grands boulevards.

Et l'occasion se présenta bien souvent qu'entrant à l'improviste dans le bureau d'Alexander, le directeur le trouva exécutant la danse des claymores — les claymores étant remplacées par des parapluies.

Quel bon patron c'était que le directeur de la *Central Pneumatic Bank (limited)* !

Jamais, de sa part, un mot plus haut que l'autre ! Jamais un mouvement d'impatience !

Quand un employé avait manqué à ses devoirs, M. Mac-Rynolinn — c'est ainsi qu'il s'appelait — le mandait en son bureau, le blaguait un peu, perpétrait parfois un calembour sur son nom et le renvoyait à son affaire.

. . . .

A quelques jours de là — la date ne fait rien à la chose — le jeune Alexander Mac-Astrol s'affubla d'une physionomie éplorée pour annoncer à M. Mac-Rynolinn qu'une de ses tantes — à lui, Mac-Astrol — venait de mourir, et qu'il serait bien heureux d'avoir libre sa journée du lendemain, afin d'assister aux obsèques de la bonne vieille lady.

— Mais, comment donc ! acquiesça l'excellent M. Mac-Rynolinn, c'est trop juste !... Amusez-vous bien, mon ami.

Le lendemain de ce jour, le directeur de la *Central Pneumatic Bank* (*limited*) se promenait avec quelques Français de ses amis.....

Parmi ces Français, se trouvait un nommé Taupin que M. Mac-Rynolinn s'amusait énormément à appeler sir Blackburn, on n'a jamais su pourquoi.

..... avec quelques Français de ses amis, dis-je, quand il aperçut, pêchant dans la Codfly — petite rivière qui se jette dans le Forth — un jeune homme qui ressemblait furieusement à Alexander Mac-Astrol.

Si furieusement, d'ailleurs, que c'était Alexander Mac-Astrol lui-même.

Le bon patron ne voulut pas déranger son commis d'une opération qui semblait le passionner tant.

Mais, le lendemain matin, le jeune Alexander fut avisé par un groom que le directeur le mandait en son bureau :

— Ah ! vous voilà, mon ami, fit M. Mac-Rynolinn. Asseyez-vous... ou plutôt, ne vous asseyez pas, car je n'ai qu'un mot à vous dire.

Alexander ne s'assit pas et le patron continua, en tripotant ses favoris :

— La prochaine fois que vous aurez la douleur de perdre madame votre tante, soyez donc assez gentil pour me rapporter une friture.

REVERSIBILITÉ

— Mon pauvre ami, ce n'est pas pour te faire un reproche, lui fis-je, mais tu as la figure d'un homme fatigué.

(Ce ne fut point la teneur exacte de ma phrase ; je crois même que je lui dis qu'il avait une *sale g*... Mais j'ai pris le parti d'apporter dans mes écrits beaucoup plus de tenue que n'en comporte la coutume de ma vie courante.)

L'homme ainsi interpellé laissa tomber sur moi un long regard triste, me serra la main d'une étreinte veule et poussa un soupir profond comme un tombeau.

A ce moment passaient un monsieur et une dame qui saluèrent mon ami et échangèrent avec lui quelques propos.

Pendant qu'ils causent, je profite de l'occasion pour vous présenter le gentleman à la mine délabrée.

Porteur d'un des plus grands noms de l'armorial français, détenteur d'un patrimoine dont vous vous contenteriez, vous et moi, joli homme et gentil garçon, mon vieux camarade, le jeune duc Honneau de la Lunerie réunissait en lui tous les apanages de la félicité parfaite. Bien fâcheusement, une tendance à l'occultisme, une rare candeur, une folle confiance en tous, le désarmaient pour le rude combat de la vie, et lui causaient d'innombrables mistoufles.

Ce garçon-là aurait coupé dans le pont du Forth comme dans du beurre.

Il faisait son ordinaire société du faux Mage de Livarot, du Sâr Jean de Ville, sans préjudice pour un musicien ogival et gymnopédique qui s'appelle Erik Satie (1) et que je baptisai naguère (j'ai tant d'esprit) Esotérik Satie.

Malgré tous ses défauts et ma sournoise réserve, nous nous entendions fort bien, le duc Honneau et moi.

Et même, j'allai souvent jusqu'à donner un bon coup de main aux tables qui ne tournaient pas assez vite, et à souffler des aperçus ingénieux, conçus en style lapi-

---

(1) Que mon ami Erik Satie ne voie dans ce propos l'ombre d'une désobligeance. Au reste, s'il y trouvait un cheveu, il sait où me trouver. (Je suis beaucoup plus fort que lui.) — A. A.

daire, aux ombres des plus grands maccha-
bées de l'humanité.

Maintenant que vous connaissez le jeune duc comme si vous l'aviez fait, laissez-moi reprendre le fil de mon récit.

— Ah! mon pauvre ami! s'écria-t-il, si tu savais ce qui m'arrive!

— Que t'advient-il, ô duc?

— Une chose assez déplaisante en elle-même, mais dont la portée dépasse tout ce qu'on a constaté jusqu'à présent en matière de matérialisation et de correspondance psychiques. Tu connais les expériences du lieutenant-colonel de Rochas?

— Par ouï-dire.

Au cas où, par impossible, quelqu'un de mes lecteurs ignorerait les récentes expériences du lieutenant-colonel de Rochas d'Aiglun (Eugène-Auguste-Albert), officier de la Légion d'honneur, je vais les rappeler succinctement :

Cet officier supérieur du génie, administrateur de l'Ecole Polytechnique, qui, élevé à la sévère école du *2 et 2 font 4*, n'est ni un toqué, ni un fumiste, vous exécute, à l'heure qu'il est, une petite série d'opérations qui, au moyen âge, auraient suffi à la combustion de mille et quelques sorciers.

Il modèle une statuette de cire à votre image, *extériorise* votre sensibilité et la fait passer dans la petite œuvre d'art.

Vous voilà envoûté !

Une piqûre au front de la statuette, et vous ressentez une vive douleur à votre front, à vous.

On approche une allumette enflammée du bras de la statuette, et vous éprouvez une brûlure à votre bras.

On chausse de bottines un peu justes les pieds de la statuette, et vous constatez qu'il vous vient des cors, à vos pieds à vous.

Il n'y a pas que les sensations désagréables qui soient transmises. Les autres aussi.

Par exemple...

Mais je m'arrête, car tous mes lecteurs ne se sont pas encore fait, comme le lieutenant-colonel de Rochas, un front qui ne sait plus rougir.

Le duc Honneau avait naturellement suivi, avec le plus vif intérêt, les expériences si curieuses du vieux militaire.

— Mais ce que je n'aurais jamais cru, me dit-il, c'est qu'on pût obtenir dans cet ordre de phénomènes un cas aussi fantastique de réversibilité.

— Explique-toi.

— Y tiens-tu beaucoup ?... C'est que cela me peine énormément à conter.

— Va toujours, je te consolerai.

— Eh bien ! voilà... Tu sais comme, depuis longtemps, je suis amoureux de Félicienne de Domfront. A la suite de quels malentendus n'ai-je jamais pu obtenir ses faveurs ? je n'en sais rien encore. La vie parisienne est peuplée de ces mystères : voilà une jolie fille que je désire beaucoup, que je ne dégoûte sûrement pas, pour laquelle je ferais de gros sacrifices, et puis... rien ! Alors, un jour, j'ai eu l'idée de faire sur elle et moi les expériences de M. de Rochas. J'ai fait exécuter la statuette de Félicienne. J'y ai amené, sans qu'elle s'en doutât, sa sensibilité. Les résultats ont été concluants. Alors même qu'elle était loin de moi, je demeurais en communication avec elle. A certaines heures fixes, j'embrassais la statuette, par exemple sur le front, et Félicienne, à ce moment, éprouvait une petite sensation agréable au front. Mes amis, des amis sûrs, que j'avais chargés de ce contrôle, m'ont affirmé le fait à plusieurs reprises. Mais le plus curieux, et en même temps le plus pénible, c'est ce cas de réversibilité dont je t'ai parlé.

— Je ne te comprends pas.

— Mais si, tu comprends ! Ne me contrains point à de douloureuses et précises explications.

La vérité vraie, c'est que je ne devinais rien.

Je ne compris toute l'horreur de la situation que quelques minutes plus tard, quand, entrés dans une brasserie du boulevard, je demandai un excellent verre de bière et que lui se contenta d'un pâle orgeat.

P.-S. — Pour ne pas jeter dans l'âme du lecteur un trouble inutile, j'ajouterai ceci : Mon ami, le duc Honneau, ne s'en était pas tenu, durant ces expériences, à de simples communications psychiques. Peut-être les contacts matériels ne sont-ils pas étrangers à cet étrange phénomène. Renvoyé au lieutenant-colonel de Rochas. — *A. A.*

LES TEMPLIERS

En voilà un qui était un type, et un rude type, et d'attaque ! Vingt fois je l'ai vu, rien qu'en serrant son cheval entre ses cuisses, arrêter tout l'escadron, net.

Il était brigadier à ce moment-là. Un peu rosse dans le service, mais charmant, en ville.

Comment diable s'appelait-il ? Un sacré

nom alsacien qui ne peut pas me revenir, comme Wurtz ou Schwartz... Oui, ça doit être ça, Schwartz. Du reste, le nom ne fait rien à la chose. Natif de Neufbrisach, pas de Neufbrisach même, mais des environs.

Quel type, ce Schwartz !

Un dimanche (nous étions en garnison à Oran), le matin, Schwartz me dit : « Qu'est-ce que nous allons faire aujourd'hui ? » Moi, je lui réponds : « Ce que tu voudras, mon vieux Schwartz. »

Alors nous tombons d'accord sur une partie en mer.

Nous prenons un bateau, *souque dur, garçons !* et nous voilà au large.

Il faisait beau temps, un peu de vent, mais beau temps tout de même.

Nous filions comme des dards, heureux de voir disparaître à l'horizon la côte d'Afrique.

Ça creuse, l'aviron ! Nom d'un chien, quel déjeuner !

Je me rappelle notamment un certain jambonneau qui fut ratissé jusqu'à l'indécence.

Pendant ce temps-là, nous ne nous apercevions pas que la brise fraîchissait et que la mer se mettait à clapoter d'une façon inquiétante.

— Diable ! dit Schwartz, il faudrait...

Au fait, non, ce n'est pas Schwartz qu'il s'appelait.

Il avait un nom plus long que ça, comme qui dirait Schwartzbach. Va pour Schwartzbach !

Alors Schwartzbach me dit : « Mon petit, faut songer à rallier. »

Mais je t'en fiche, de rallier. Le vent soufflait en tempête.

La voile est enlevée par une bourrasque, un aviron fiche le camp, emporté par une lame. Nous voilà à la merci des flots.

Nous gagnions le large avec une vitesse déplorable et un cahotement terrible.

Prêts à tout événement, nous avions enlevé nos bottes et notre veste.

La nuit tombait, l'ouragan faisait rage.

Ah ! une jolie idée que nous avions eue là, d'aller contempler ton azur, ô Méditerranée !

Et puis, l'obscurité arrive complètement. Il n'était pas loin de minuit.

Tout à coup, un craquement épouvantable. Nous venions de toucher terre.

Où étions-nous ?

Schwartzbach, ou plutôt Schwartzbacher, car je me rappelle maintenant, c'est Schwartzbacher ; Schwartzbacher, dis-je, qui connaissait sa géographie sur le bi du bout du doigt (les Alsaciens sont très instruits), me dit :

— Nous sommes dans l'île de Rhodes, mon vieux.

Est-ce que l'administration, entre nous, ne devrait pas mettre des plaques indicatrices sur toutes les îles de la Méditerranée, car c'est le diable pour s'y reconnaître, quand on n'a pas l'habitude?

Il faisait noir comme dans un four. Trempés comme des soupes, nous grimpâmes les rochers de la falaise.

Pas une lumière à l'horizon. C'était gai.

— Nous allons manquer l'appel de demain matin, dis-je, pour dire quelque chose.

— Et même celle du soir, répondit sombrement Schwartzbacher.

Et nous marchions dans les petits ajoncs maigres et dans les genêts piquants. Nous marchions sans savoir où, uniquement pour nous réchauffer.

— Ah ! s'écria Schwartzbacher, j'aperçois une lueur, vois-tu, là-bas ?

Je suivis la direction du doigt de Schwartzbacher, et effectivement une lueur brillait, mais très loin, une drôle de lueur.

Ce n'était pas une simple lumière de maison, ce n'étaient pas des feux de village, non, c'était une drôle de lueur.

Et nous reprîmes notre marche, en l'accélérant.

Nous arrivâmes, enfin.

Sur des rochers se dressait un château d'aspect imposant, un haut château de pierre, où l'on n'avait pas l'air de rigoler tout le temps.

Une des tours de ce château servait de chapelle, et la lueur que nous avions aperçue n'était autre que l'éclairage sacré tamisé par les hauts vitraux gothiques.

Des chants nous arrivaient, des chants graves et mâles, des chants qui vous mettaient des frissons dans le dos.

— Entrons, fit Schwartzbacher, résolu.

— Par où ?

— Ah ! voilà... cherchons une issue.

Schwartzbacher disait : « Cherchons une issue », mais il voulait dire : « Cherchons une entrée. » D'ailleurs, comme c'est la même chose, je ne crus pas devoir lui faire observer son erreur relative, qui peut-être n'était qu'un lapsus causé par le froid.

Il y avait bien des entrées, mais elles étaient toutes closes, et pas de sonnettes.

Alors c'est comme s'il n'y avait pas eu d'entrées.

A la fin, à force de tourner autour du château, nous découvrîmes un petit mur que nous pûmes escalader.

— Maintenant, fit Schwartzbacher, cherchons la cuisine.

Probablement qu'il n'y avait pas de cuisine dans l'immeuble, car aucune odeur de fricot ne vint chatouiller nos narines.

Nous nous promenions par des couloirs interminables et enchevêtrés.

Parfois, une chauve-souris voletait et frôlait nos visages de sa sale peluche.

Au détour d'un corridor, les chants que nous avions entendus vinrent frapper nos oreilles, arrivant de tout près.

Nous étions dans une grande pièce qui devait communiquer avec la chapelle.

— Je vois ce que c'est, fit Schwartzbacher (ou plutôt Scwhartzbachermann, je me souviens maintenant), nous nous trouvons dans le château des Templiers.

Il n'avait pas terminé ces mots, qu'une immense porte de fer s'ouvrit toute grande.

Nous fûmes inondés de lumière.

Des hommes étaient là, à genoux, quelques centaines, bardés de fer, casque en tête, et de haute stature.

Ils se relevèrent avec un long tumulte de ferraille, se retournèrent et nous virent.

Alors, du même geste, ils firent *Sabremain!* et marchèrent sur nous, la latte haute.

J'aurais bien voulu être ailleurs.

Sans se déconcerter, Schwartbachermann retroussa ses manches, se mit en posture de défense et s'écria d'une voix forte :

— Ah ! nom de Dieu ! messieurs les Templiers, quand vous seriez cent mille... aussi vrai que je m'appelle Durand......!

Ah ! je me rappelle maintenant, c'est Durand qu'il s'appelait. Son père était tailleur à Aubervilliers. Durand, oui, c'est bien ça...

Sacré Durand, va ! Quel type !

HISTOIRE DU PETIT STEPHEN GIRARD

ET D'UN AUTRE PETIT GARÇON QUI AVAIT LU L'HISTOIRE DU PETIT STEPHEN GIRARD

DAPRÈS MARK TWAIN

I

Il existe à Philadelphie un homme qui — alors qu'il n'était qu'un jeune et pauvre petit garçon — entra dans une banque et dit :

— S'il vous plaît, monsieur, vous n'auriez pas besoin d'un petit garçon ?

— Non, petit garçon, répondit le majestueux banquier, je n'ai pas besoin d'un petit garçon.

Le cœur bien gros, des larmes sur les joues, des sanglots plein la gorge, le petit garçon descendit l'escalier de marbre de la banque, tout en suçant un sucre d'orge qu'il avait acheté avec un sou volé à sa bonne et pieuse tante.

Dissimulant sa noble forme, le banquier se cacha derrière une porte, persuadé que le petit garçon allait lui jeter une pierre.

Le petit garçon, en effet, avait ramassé quelque chose par terre : c'était une épingle qu'il attacha à sa pauvre mais fripée veste.

— Venez ici ! cria le banquier au petit garçon.

Le petit garçon vint ici.

— Qu'avez-vous ramassé ? demanda le majestueux banquier.

— Une épingle, répondit le petit garçon.

Le financier continua :

— Êtes-vous sage, petit garçon ?

Le petit garçon dit qu'il était sage.

— Comment votez-vous ?... Oh ! pardon, allez-vous à l'école du dimanche ?

Le petit garçon dit qu'il y allait.

Alors, le banquier trempa une plume d'or dans la plus pure des encres, écrivit sur un bout de papier *St. Peter* et demanda au petit garçon ce que cela faisait.

Le petit garçon répondit que cela faisait *Salt Peter*.

— Non, fit le banquier, cela fait *Saint-Peter*.

Le petit garçon fit : Oh !

Le banquier prit le petit garçon en affection, et le petit garçon fit encore : Oh !

Alors, le banquier associa le petit garçon à sa maison, lui donna la moitié des bénéfices et tout le capital.

Et, plus tard, le petit garçon épousa la fille du banquier.

Tout ce que possédait le banquier, ce fut le petit garçon qui l'eut.

II

Mon oncle m'ayant raconté l'histoire ci-dessus, je passai six semaines à ramasser des épingles par terre, devant une banque.

J'attendais toujours que le banquier m'appelât pour me dire :

— Petit garçon, êtes-vous sage ?

Je lui aurais répondu que j'étais sage.

Il aurait écrit *St John*, et je lui aurais dit que cela voulait dire *Salt John*.

Il faut croire que le banquier n'était pas pressé d'avoir un associé ou que sa fille était un garçon, car un jour il me cria :

— Petit garçon, que ramassez-vous là ?

— Des épingles, répondis-je poliment.

— Montrez-les moi.

Il les prit, et moi, je mis mon chapeau à la main, tout prêt à devenir son associé et à épouser sa fille.

Mais ce n'est pas à cela qu'il m'invita :

— Ces épingles, rugit-il, appartiennent à la banque ; et si je vous retrouve encore rôdant par ici, je fais lâcher le chien sur vous.

Je partis, laissant ce vieux bougre en possession de mes épingles.

Dire, pourtant, que c'est comme ça dans la vie !

POSTHUME

J'allais régulièrement tous les soirs, à cette époque, dans un petit café de la rue de Rennes, où je rencontrais une dizaine de camarades, étudiants ou artistes. Parmi ces derniers, un grand jeune garçon, sculpteur, très doux, même un peu naïf. On l'appelait, je n'ai jamais su pourquoi, *le Raffineur*.

Au bal Tonnelier, *le Raffineur*, un soir,

leva une toute jeune fillette très pâle, dont les grands yeux bruns jetaient parfois d'inquiétantes flambées. Il s'y attacha beaucoup et, dès lors, ne la quitta plus.

Elle s'appelait Lucie.

On ajouta *de Lammermoor*, qu'un loustic de la bande transforma en *la mère Moreau*. Le nom lui resta.

Tous les soirs, régulièrement, vers neuf heures, *le Raffineur* et *la mère Moreau* arrivaient à la brasserie.

Lui faisait une partie de billard, tandis qu'elle s'installait devant les journaux illustrés, écoutant gravement les compliments qu'on lui faisait sur ses beaux cheveux noirs, sur son exquise peau blanche et sur ses grands yeux bruns.

Vers cette époque, je ne me rappelle pas comment cela arriva, le démon du jeu s'empara de nous. Le *poker* devint notre seul dieu.

A notre table, au lieu des tranquilles causeries d'antan, retentissaient : *Tenu !... Plus cent sous !... Deux paires au roi !... Ça ne vaut pas une quinte à la couleur !*

Un soir, *le Raffineur* vint sans Lucie.

— Et la mère Moreau ? demanda-t-on en chœur.

— Elle est à Clamart, chez une de ses tantes qui est très malade.

La tante de Clamart nous inspira à tous un doux sourire.

Ce soir-là, *le Raffineur* gagna ce qu'il voulut. Nous échangions des regards qui signifiaient clairement :

— Quelle veine de cocu !

Mais *le Raffineur* était si gentil qu'on évitait soigneusement de lui faire de la peine.

Le lendemain, Lucie revint. On s'informa avec une unanimité touchante de la santé de sa tante.

— Un peu mieux, merci. Mais il faudra beaucoup de précautions. D'ailleurs, je retournerai la voir jeudi.

Le jeudi, en effet, *le Raffineur* arriva seul. Sa veine de l'autre jour lui revint, aussi insolente. Lui-même en était gêné. Il nous disait à chaque instant :

— Vraiment, mes amis, ça m'embête de vous *ratisser toute votre galette* comme ça.

Pour un peu, il nous l'aurait rendue, notre *galette*.

Les visites à la tante de Clamart devinrent de plus en plus fréquentes, et toujours coïncidaient à une incroyable veine pour *le Raffineur*.

Si régulièrement qu'à la fin, quand nous le voyions arriver seul, personne ne voulait plus jouer.

Lui ne s'était jamais aperçu de rien. Il avait une foi inébranlable en sa Lucie.

Un soir, vers minuit, nous le vîmes entrer comme un fou, blême, les cheveux hérissés.

— Eh bien ! qu'est-ce que tu as ?
— Oh ! si vous saviez... Lucie...
— Mais parle donc !
— Morte... à l'instant... dans mes bras.

Nous nous levâmes tous et l'accompagnâmes chez lui.

C'était vrai. La pauvre petite *mère Moreau* gisait sur le lit, effrayante de la fixité de ses grands yeux bruns.

On l'enterra le surlendemain.

Le Raffineur faisait peine à voir. A la

sortie du cimetière, il nous supplia de ne pas le quitter.

Nous passâmes la soirée ensemble, tâchant de l'étourdir.

A la fermeture de la brasserie, l'idée de rentrer seul chez lui l'épouvanta.

Un de nous en eut pitié et proposa :

— Un petit *poker* chez moi, ça vous va-t-il ?

Il était deux heures du matin. On se mit à jouer. Toute la nuit, *le Raffineur* gagna, comme il n'avait jamais gagné, même au plus beau temps de la tante de Clamart. Avec des gestes de somnambule, il ramassait son gain et nous le reprêtait pour entretenir le jeu.

Jusqu'au jour, cette veine se maintint, vertigineuse, folle.

Sans nous communiquer un mot, nous

avions tous la même idée : — Cette fois, on ne peut pas dire que c'est Lucie qui le trompe.

Le lendemain, dans la matinée, nous apprîmes que la jeune fille avait été déterrée et violée pendant la nuit.

LÉON GANDILLOT

La physionomie de Léon Gandillot — dont le Palais-Royal représente avec un si vif succès le *Sous-Préfet de Château-Buzard* — est trop connue des Parisiens pour que nous n'essayions pas, une fois de plus, de la décrire.

Au physique, Gandillot est un petit homme sec et nerveux, portant la moustache aux pointes cirées et l'impériale. Il quitte rarement son monocle et sa cravache.

Notre connaissance ne date pas d'aujourd'hui. Cela se passait en 48, pendant les journées de Juin, au moment de l'affaire des Arts-et-Métiers.

Gandillot était alors secrétaire de Ledru-Rollin, et moi, vice-consul du Venezuela à Amboise.

Fort républicains tous les deux, amis personnels d'Arago et de Garnier-Pagès, nous n'hésitâmes point à verser notre sang pour la défense des libertés menacées.

Quatre ans après, le coup d'État envoyait Gandillot à Lambessa, d'où il put s'évader, déguisé en ecclésiastique maronite.

Gandillot gagna le Canada, où il créa l'industrie de la brique à ressort; puis, de là, passa aux États-Unis.

De cette époque date l'immense fortune de Léon Gandillot.

C'est lui qui eut l'idée d'acclimater dans les grandes villes de l'Amérique du Nord les procédés de galanterie en usage dans le vieux monde.

Il loua de vastes immeubles, fit venir de l'Europe, en général, et du quartier Saint-Georges, en particulier, nombre de jolies personnes point trop bégueules et d'une inlassable complaisance.

Six mois ne s'étaient pas écoulés que sa clientèle était faite, et quelle clientèle !

Tout ce que *Uncle Sam* compte de mieux, en fait de clergymen, d'aldermen et de sénateurs.

Très homme du monde, causeur charmant, infatigable valseur, musicien jusqu'au bout des ongles, Gandillot tenait à ce que ses maisons fussent parfaitement tenues : il y arrivait.

En 1866, nous retrouvons Gandillot en Autriche. A la bataille de Kœnigsgrœtz — que nous, dans notre ignorance de la langue allemande, nous appelons la bataille de Sadowa — Gandillot commandait le 3ᵉ corps autrichien, en majeure partie composé de Tyroliens. Ces braves gens, entraînés par l'audace de leur chef, se jetèrent, en chantant, sur les lignes allemandes. On sait le reste.

Arrive 70 et son sombre cortège. Gandillot rentre en France et jonche de son cadavre les principaux champs de bataille.

On le rencontre à Frœschwiller, à Bazeilles, au Bourget, à Châteaudun, à Pont-Noyelles, à Patay, à Dijon, etc.

On le rencontre partout.

La vocation du théâtre ne lui vint que plus tard et dans des conditions assez particulières pour être contées ici.

Fort ennuyé par une affaire de chantage, sur laquelle nous aurons le bon goût de ne pas insister, M. Francisque Sarcey cherchait de l'argent coûte que coûte.

Un archéologue de Montmartre, décédé depuis, qu'on appelait familièrement Peau-de-Lapin, mit en rapport MM. Francisque Sarcey et Léon Gandillot.

Ce dernier, apitoyé par les sanglots du critique, avança la somme qui s'élevait, si nous avons bonne mémoire, à pas loin de trente mille francs, contre lesquels M. Sarcey livra cent et quelques mille francs de billets.

Hélas! les billets restèrent impayés!

Gandillot s'impatientait, quand M. Sarcey offrit une combinaison :

— Je n'ai pas d'argent à vous donner, dit-il, mais je puis vous rembourser en publicité. Faites des pièces de théâtre, j'en dirai le plus grand bien.

De guerre lasse, Gandillot accepta.

Il entra dans le premier café qui s'offrit à sa vue, demanda de quoi écrire, et composa les *Femmes collantes*.

La combinaison réussit à merveille ; à l'heure qu'il est (3 h. 20), M. Sarcey est presque acquitté de sa créance. Encore une pièce ou deux, et M. Gandillot ne sera plus contraint à faire du théâtre.

A moins que Gandillot, qui a beaucoup fréquenté les nègres aux États-Unis, ne fasse comme eux, et continue.

P.-S. — J'ai reçu, ce matin, de M. Francisque Sarcey, la lettre suivante, que je m'empresse de reproduire :

« Monsieur,

» C'est seulement à l'instant qu'on me met sous les yeux une chronique de vous consacrée à Léon Gandillot, dans laquelle ma personnalité et mon nom se trouvent fâcheusement mêlés.

» Je ne m'attarderai pas à relever les erreurs dont fourmille votre biographie, erreurs qui ont indigné et sérieusement affligé les amis de M. Gandillot. Ces rectifications ne me regardent en rien. Gandillot est assez grand garçon pour se défendre lui-même.

» Pour ce qui me touche personnellement, c'est une autre paire de manches, et je tiens, sans plus tarder, à donner quelques explications sur le fait auquel vous faites allusion dans votre chronique.

» Fort pressé d'argent, dites-vous, très ennuyé par une affaire de chantage, je dus m'adresser à la bourse de Léon Gandillot.

» La chose est exacte. Pour éviter tout malentendu, voici comment cela se passa :

» C'était quelques jours avant les débuts de mademoiselle X..., à l'Odéon. J'avais remarqué la petite au concours du Conservatoire où elle avait eu un deuxième prix de tragédie. Elle me plaisait beaucoup ; je le lui avais fait savoir et je pensais bien qu'elle ne débuterait pas à l'Odéon sans venir me dire un petit bonjour.

» Ça ne manqua pas, ou plutôt, ça manqua, car la petite rouée envoya en ses lieu et place, devinez qui ! sa femme de chambre.

» Je suis extrêmement myope. Ma foi, je n'y vis que du feu. D'ailleurs, la soubrette, admirablement stylée, joua son rôle à ravir.

» Elle alla jusqu'à me réciter des vers d'un jeune poète néo-moderne dont j'ai oublié le nom. Je me souviens de quelques fragments. C'était intitulé : *Mon cœur* :

. . . .

Mon cœur est une armoire à glace inexorable,
Où tristement gémit un vieux lièvre au doux râble :
Mon cœur est l'ostensoir des femmes sans aveu.
Vous ricanez, idiots ? Moi, j'y trouve un cheveu !
Mon cœur est un ruisseau qui ne bat que d'une aile.
Quand la hyène y vient boire, oh ! que tant pis pour elle !

» Etc., etc.

» Mais vous êtes là, à me faire causer

poésie, et je m'écarte du sujet principal. Qu'est-ce que je disais donc? Ah! oui, la soubrette joua son rôle à ravir.

» C'était au mois de juillet. Il faisait extrêmement chaud, et dame! nous nous étions mis à notre aise.

» Tout à coup, voilà la porte de mon cabinet qui s'ouvre à grands fracas. Un grand gaillard, solidement râblé, fait irruption en poussant des jurons à faire crouler toute la maison. C'était le cocher de mademoiselle X*** qui venait d'avoir une idée ingénieuse.

» Moi, je perdis la tête, et, pas rassuré du tout, je signai 25,000 francs de billets, sous le prétexte que j'avais violé sa sœur. Elle était raide, celle-là, avouez-le!

» Voilà, cher monsieur, la fameuse histoire du chantage, dans toute sa simplicité.

Vous voyez qu'il n'y a seulement pas, dans tout ça, de quoi fouetter une puce.

» Veuillez agréer, etc.

» FRANCISQUE SARCEY. »

La lettre de M. Sarcey est trop courtoise pour que j'y ajoute un mot. Si j'ai pu causer le plus petit chagrin au galant homme de la rue de Douai, vous m'en voyez au désespoir.

Dernière heure. — Un ami intime de M. Sarcey, à qui je viens de montrer la lettre ci-dessus, m'affirme qu'elle n'est pas de l'écriture de l'éminent critique. Selon lui, j'aurais été le jouet d'un mystificateur. Je suis furieux!

CHEZ ÉDISON

Un heureux hasard voulut que je rencontrasse mon excellent ami Octave Uzanne, le soir même du jour où il était allé voir Édison.

Encore sous le coup de son émotion, Uzanne me décrivit le fameux *kinetograph*, dont on a pu connaître les détails par le *Figaro* du 8 mai.

Il me sembla bien que le *kinetograph* ne

constituait pas une invention d'une fraîcheur éblouissante, et qu'il ressemblait furieusement à ce joujou qu'on appelle le *zootrope*, et qu'on peut se procurer pour 25 ou 30 sous dans tous les bazars français.

Enregistrer le mouvement par des photographies instantanées successives ne me parut point être le comble du génie. L'année dernière, à l'Exposition de Photographie, au Champ de Mars, il nous fut donné de contempler quelques projections de ce genre : sauts de haies par des chevaux, vols d'oiseaux, etc. Certains de ces mouvements duraient près d'une minute, à raison de 60 clichés successifs à la seconde.

C'était merveilleux, mais voilà : cela ne s'appelait pas le *kinetograph*, cela ne venait pas d'Amérique, *via* Uzanne, et Édison n'était pas dans l'affaire.

Le lendemain même de ma rencontre avec le correspondant du *Figaro*, je sonnais à la grille d'*Orange-Park*. Quelques minutes s'écoulèrent et je fus en présence du génial Édison.

Le sympathique Américain me montra son petit appareil, et j'y pus constater des images successives, se remplaçant rapidement et donnant l'illusion soit de petits garçons jouant à saute-mouton, soit de petites filles sautant à la corde, à moins que ce ne fût une écuyère de cirque passant à travers un cerceau.

Je ne m'étais pas trompé : j'avais déjà vu cela quelque part.

Édison voulut bien me conduire dans ses ateliers et me mettre au courant des nouvelles inventions qu'il mijote en ce moment.

Une de celles appelées, selon moi, à obtenir un vif succès, c'est ce qu'il appelle l'*Oil-Lamp* (lampe à huile).

Édison a eu l'ingénieuse idée d'utiliser les propriétés combustibles et éclairantes des corps gras de toute nature. Pour son *Oil-Lamp*, il emploie l'huile de colza.

Grâce à un ingénieux dispositif, dont la principale pièce est un *wick* (sorte de mèche en coton), et d'un *spring* (ressort), l'huile monte, par capillarité, dans le *wick*. Quand ce dernier est suffisamment imbibé, on l'allume avec un *match* (allumette), et tant qu'il y a de l'*oil* dans le *wick*, on jouit d'un éclairage très suffisant pour la plupart des occupations de famille et beaucoup moins aveuglant que la lumière électrique.

Cette nouvelle découverte n'est pas encore tout à fait au point. Édison compte être à même, dans deux ou trois ans, de livrer plusieurs centaines d'*Oil-Lamps* par jour à la consommation des deux mondes.

Malheureusement, la place me manque pour décrire toutes les merveilles d'*Orange-Park*. Pourtant, je ne veux pas passer sous silence un petit appareil bien simple, mais appelé à rendre de nombreux services.

Cet instrument se compose d'un fil se rattachant par chacune de ses extrémités à deux petites poignées en bois (*wooden holders*). Et c'est tout. Comme l'indique son nom : *butter cutting thread*, ce fil est un fil à couper le beurre.

Mais il est un instrument qu'Édison n'inventera jamais, car c'est un produit bien

français, celui-là : c'est le fil à couper.....
dans les ponts.

Citoyens français, mes frères, nous sommes tous des daims !

TOTO AU LUXEMBOURG

Toto, un jeune gentleman de cinq ans et demi, passait tous ses loisirs, c'est-à-dire ses matinées et ses après-midi, au jardin du Luxembourg. Là, par ses façons avenantes et pas fières, il s'était créé quelques relations dans le monde des potaches et des étudiants. Sa bonne le laissait agir à sa guise, et tandis qu'elle jacassait avec les nounous ses payses, Toto circulait dans les groupes, appelant chacun de son nom, et distribuant gravement de grandes poignées de main.

Malheureusement, cette belle existence est terminée. Un jour, Toto est venu au Luxembourg avec sa maman, et cette dernière a pu s'assurer que l'éducation du jeune homme avait fait de trop rapides progrès dans une regrettable direction.

— Dis donc, m'man! avait dit Toto.

— Quoi, Toto?

— Tu vois c'te p'tite blonde qui passe là, toute frisée avec ses cheveux sur l'front?

— Eh bien?

— Tu sais pas comment qu'é s'appelle?

— Non, Toto.

— Eh bien, moi, je l' sais... E' s'appelle Alida Veau-d'Or.

— Alida...?

— Veau-d'Or... Tu sais, comme le veau d'or que Moïse a fichu par terre, dans l'histoire sainte, que les Juifs étaient si colère... Tu sais bien?

— Et comment sais-tu le nom de cette dame?

— C'te dame?... D'abord, c'est pas une dame.

— Demoiselle, alors?

— Demoiselle non plus... C'est une grenouille.

— Une grenouille!!! — ???

— Oui, une grenouille... Ah! oui, toi, tu connais qu' les grenouilles dans les mares à la campagne. Eh ben! à Paris, y en a aussi, des grenouilles, seulement c'est pas les mêmes grenouilles.

— Et, à Paris, qu'est-ce que c'est que les grenouilles ?

— Comment, à ton âge, tu sais pas encore ce que c'est que des grenouilles ?

— Toto, je te prie d'être poli. On ne parle pas comme ça à sa mère.

— Mais, m'man, je suis poli avec toi, seulement j' peux pas m'empêcher d'être épaté !

— Épaté !... Mais, quelles drôles d'expressions tu as depuis quelque temps ! Tu me feras le plaisir de renoncer à tous ces vilains mots.

— Des vilains mots !... Ah ! zut, alors ! C'est toujours des vilains mots, avec toi. J' dirai pus rien, v'là tout !

Toto boude une grande minute, puis se ravisant tout à coup :

— A propos, j' t'ai pas dit ce que c'est qu' les grenouilles à Paris.

— Qu'est-ce que c'est ?

— Eh ben, c'est des petites femmes qui sont comme des bonnes dans les cafés ; seulement, tu sais, des chouettes bonnes, bien peignées, avec des *chic* robes et des petits tabliers blancs, et puis des petits sacs accrochés à la ceinture.

— Ah !

— Il y en a qui sont rud'ment gentilles.

— Ah bah !

— Mais oui... Si tu veux, nous repasserons par la rue de Vaugirard. J' connais un café où qu'é sont tout l' temps à la porte... J' te les montrerai. J'en connais une justement, une qui s'appelle Titine.

La maman de Toto pousse un cri d'horreur.

— Comment, tu connais une de ces créatures?

Toto paraît stupéfié de l'indignation maternelle.

— Pourquoi qu'tu les appelles des créatures? É sont pas méchantes du tout, pourtant.

— Je te défends absolument, tu entends bien, Toto, de fréquenter ce monde-là!

— Bon... bon. T'emballe pas, m'man, t'emballe pas! J' fréquent'rai pas ce monde-là, comme tu dis.

— Et puis, si tu n'es pas plus convenable, je te ferai corriger par ton père.

— Oh! la! la! Avec ça que p'pa, quand il était étudiant, il allait pas voir les grenouilles! Et moi, quand j' serai étudiant, avec ça qu' je m' gênerai!

La maman reste confondue de tant de perversité précoce. Tout à coup débouche une troupe de touristes anglais qui se rendent au musée.

Toto fait autour de sa bouche un entonnoir avec ses deux mains, et de sa voix la plus tumultueuse :

— Ohé, les Angliches!... Ohé, les Angliches!

Les *Angliches*, ainsi interpellés, se retournent, et, méprisant leur microscopique blasphémateur, continuent vers le musée leur marche triomphale et saccadée.

La maman est devenue rouge de honte et de confusion. Toto s'en aperçoit et sourit supérieurement :

— Ça t'épate, ça?... Eh ben, qu'est-ce que t'aurais dit l'aut' jour!... Imagine-toi que v'là une voiture d'Anglais qui s'arrête devant l' Panthéon... Alors y avait un bonhomme qui leur expliquait tout haut, en anglais, c' que c'était qu' le Panthéon..... Alors, v'là un poivrot qui s'amène et qui s' met à les attraper, comme j' faisais tout à l'heure : « Ohé, les Angliches!... Ohé, les Angliches!... » Les Angliches étaient furieux... Alors le pochard est parti en leur faisant comme ça... Et puis il leur a dit : « Quand vous verrez l'prince de Galles, vous lui direz que j' l'em......! »

Et Toto reproduit exactement la scène.

Les derniers mots, il les hurle au grand complet, en les rythmant sur ce geste bien connu qui s'appelle, dans les régiments, *tailler une basane.*

La maman de Toto ne sait plus où elle en

est. Fiévreusement, elle saisit le poignet de son fils, et s'enfuit, éperdue.

Et voilà pourquoi le parc des Médicis est désormais interdit à Toto, jeune gentleman de cinq ans et demi.

UN MIRACLE DE L'AMOUR

Au dessert, quelqu'un parla des miracles qu'accomplit l'amour. La flamme des souvenances passa dans mes yeux, et voici ce que je contai à tous ces gens :

— J'étais arrivé le matin même à Liverpool, et je devais m'embarquer, le lendemain même, à destination de Québec, par un steam-boat de la *Green Moon Line*.

Qu'allais-je faire à Québec? Je me demande un peu en quoi ce détail peut vous intéresser. Pourtant, comme je n'ai rien à cacher de ma vie passée, je vous dirai que j'allais représenter, au Canada, une des meilleures maisons de topinambours de Pont-Audemer.

Toute la journée, je flânai dans Liverpool. Charmant, de flâner dans Liverpool !

Sur le coup de cinq heures, je me trouvais sur un quai, près d'un ponton où vient accoster un petit vapeur qui transporte le monde en face, sur la rive gauche de la Mersey.

Une jeune fille arriva qui était plus belle que le jour, beaucoup plus belle que le jour ! Et, en somme, elle n'avait pas de mal, car, pour ma part (je ne sais pas si vous êtes comme moi), je n'ai jamais rien trouvé d'épatant au jour.

Et si délicate elle était !

Elle semblait composée de la pulpe de je ne sais quel rêve rose.

Impossible de supposer, un seul instant, que la moindre de ses molécules appartînt au domaine d'ici-bas.

Mon Dieu ! mon Dieu ! comme je l'aimai tout de suite !

Et ses yeux ! Et ses cheveux !

Ses cheveux surtout ! Des cheveux de chimère blonde avec, au soleil, des reflets d'or clair.

Oh ! ses cheveux !

Un élan fou de tendresse haletante me faisait effondrer dans des abîmes, des abîmes. Et j'aurais voulu me rouler dans ses cheveux et y mourir, très doucement.

Les personnes qui me connaissent un peu n'auront pas grand'peine à s'imaginer que, le lendemain, je manquai le départ de mon steamer.

Elle s'appelait Betzy Campbell, et nous devînmes bientôt les meilleurs amis de la terre.

Je connus son père, sa mère, ses frères, ses sœurs, et, en général, tout ce qui constitue une famille, dans le nord-ouest de l'Angleterre.

Puis, le *time* ne cessant pas d'être *money*, et les nommés *business* s'obstinant à demeurer *business*, je dus m'embarquer pour ce malencontreux Canada.

Dire les larmes de Betzy Campbell serait une tâche au-dessus de mes forces.

Jamais, même au pis de mes orgies (durant ces sept mois passés à Québec, je n'ai pas dessaoulé), je n'oubliai les cheveux de ma tant jolie.

Et puis, devant le parti pris idiot des Canadiens contre le topinambour, je me décidai à revenir en Europe.

Une dépêche m'avait précédé ; sur le quai m'attendait *all the family Campbell*.

O Betzy ! Affreuse Betzy !

A son aspect, mon visage devint pâle comme celui d'un serpent.

S'était-elle pas avisée, ce petit chameau-là, de faire couper ses cheveux, ses cheveux, entendez-vous, ses cheveux !

Maintenant, elle semblait un joli, mais effronté petit garçon.

— Betzy, lui dis-je après dîner, vous n'êtes plus la Betzy de mes rêves, avec vos cheveux courts (*with your short hair*).

De grosses larmes s'échappèrent de ses grands yeux d'azur, et je rentrai me coucher au *North-Western Hôtel* (en face de la statue équestre de Her Majesty Victoria).

Le lendemain, comme j'allais prendre congé de ces braves Campbell, un cri de stupeur rauque s'échappa de ma gorge.

Betzy, Betzy avec ses cheveux innombrables, dorés et plus longs encore qu'antan !

A force d'amour, pendant la nuit, Betzy avait réussi à faire repousser ses cheveux.

Chère, chère, chère petite Betzy.

FABRIQUE DE VEUVES

Qui est-ce qui n'a pas connu, il y a dix ans, Jules Dupaf, à Montmartre ? Qui ? Personne.

Il y faisait de la peinture, pas très bonne, entre nous, mais il remplaçait le talent par une ingéniosité vraiment stupéfiante ; ce garçon avait le génie du truc.

Dupaf usait de trucs pour toutes les opérations de la vie, même pour celles qui semblent exiger le plus de simplicité.

Aussi jouissait-il d'une aisance relative qui le faisait rechercher de toute la bohème de la butte.

— La peinture, m'expliquait-il un jour, n'est pas difficile en elle-même. Le plus dur, c'est de la placer. Eh bien ! moi, j'ai trouvé un truc pour supprimer la commande, tout en rendant la vente infaillible.

Et c'était vrai !

Très habile à *attraper la ressemblance*, Dupaf s'installait dans un café fréquenté par de riches négociants, s'informait auprès des garçons des noms et adresses de ces messieurs, et exécutait furtivement deux ou trois rapides esquisses au pastel de ceux qui lui semblaient *bonnes têtes*. Le lendemain, il exécutait à l'huile le portrait de ces braves gens.

Il ne s'agissait plus que de placer la marchandise : c'était élémentaire :

— Bonjour, monsieur Duconnel... Vous allez peut-être me trouver indiscret, mais me trouvant, l'autre jour, près de vous au café de la Poste, j'ai été frappé du caractère vraiment original de votre physionomie. Aussitôt rentré chez moi, je n'ai eu d'autre idée que de reproduire vos traits sur la toile. Voici ce que j'ai fait. C'est assez ressemblant, je crois.

Je renonce à dépeindre la joie vaniteuse de Duconnel à la pensée que ses traits pouvaient frapper les artistes. Il appelait sa femme, ses mioches qui s'extasiaient !

— Oh ! comme c'est bien toi, papa !

Et M. Duconnel y allait de ses cinq louis, parfois dix.

Pour rendre la vente encore plus sûre, Dupaf avait imaginé un autre truc, génial, selon moi.

Il mettait à la boutonnière de ses modèles improvisés un petit bout de ruban rouge.

—Mais, se récriaient-ils, je ne suis pas décoré.

— Comment, faisait Dupaf au comble apparent de la stupeur, vous n'êtes pas décoré? Ah! ça, par exemple, c'est trop fort!

Et l'affaire était dans le sac.

Un beau jour, Dupaf disparut de Montmartre.

Je pensai qu'il était allé exploiter à l'étranger un nouveau truc international de son invention.

Deux ans environ après ce départ, me trouvant au Havre, à l'arrivée d'un transatlantique, je m'entendis véhémentement héler par un voyageur du bord.

C'était Dupaf ! Dupaf, somptueusement vêtu, avec, sur son bedon naissant, une chaîne d'or, comme pour une ancre de cent tonnes, et des malles, des malles, des malles ! (Pas sur son bedon les malles !)

Nous déjeunâmes ensemble, et, au dessert, Dupaf me conta sa véridique odyssée.

— J'en avais assez de la peinture. Monter tous les jours le même coup aux mêmes idiots, ça finit par ne plus être drôle. Le commerce et l'industrie, vois-tu, mon vieux, il n'y a que ça !

J'avais à cette époque, comme maîtresse, tu te rappelles bien, une nommée Ninie, dont le nom était madame veuve Piquot. Pour m'amuser, je l'appelais la veuve Clicquot. Ça la mettait en rage, je n'ai jamais su pourquoi, mais moi, ça me divertissait énormément.

De la plaisanterie à une affaire sérieuse, il n'y a qu'un pas. Ce pas... je le bondis !

Un matin, j'emmenai Ninie chez un notaire et je fondai la maison Veuve Piquot, moi associé, pour la vente des vins de Champagne.

Veuve Piquot... Veuve Clicquot. Les Américains, qui sont un peuple neuf, me disais-je, n'y verront que du feu. Et me voilà parti en Amérique avec je ne sais plus combien de mille bouteilles.

Hélas ! le peuple américain, malgré sa jeunesse relative, s'obstina à repousser ma pauvre Veuve Piquot. Je dus liquider mon stock à des prix qui n'étaient même pas dérisoires.

Entre nous, pour ne rien te cacher, le pavillon de la Veuve Piquot cachait une marchandise follement impotable.

Tu me connais assez pour savoir que je ne fus pas découragé de cette mésaventure.

— Ah! vous ne voulez pas de Veuve Piquot, me dis-je, eh bien! je vous apporterai de la Veuve Clicquot!

Et je me suis mis en campagne pour découvrir une veuve Clicquot.

Aucune veuve Clicquot.

Ah! il n'y a pas de veuve Clicquot? eh bien! faisons-en une.

Je découvris dans la Corrèze une famille de Clicquot. Je choisis le membre le plus décheté de cette famille et l'amenai à Paris.

Il ne restait plus qu'à trouver la future veuve. Connais-tu Mac Larinett ?

— Ma foi non, qui est-ce ?

— Mac Larinett est un ancien amiral écossais qui a eu des malheurs. J'étais son officier d'ordonnance pendant la Commune.

— Et... que faisait-il pendant la Commune ?

— C'est lui qui commandait le bateau-lavoir du Pont-Marie.

— Diable !

— Oui... mais revenons à notre histoire. Mac Larinett possède sept filles, toutes terribles. Imagine-toi des panthères noires de Java qui seraient blondes et dont les sourcils, plus foncés que les cheveux, se rejoindraient à la naissance du nez. Toutes jolies, avec parfois, dans les yeux, des lueurs orange pas rassurantes du tout.

Je mariai mon Clicquot à l'aînée des petites Mac Larinett. Trois mois après, il n'y avait pas plus de Clicquot que sur la main. Mais je tenais une veuve Clicquot !

Nouveau voyage en Amérique. Cette fois j'en revins avec vingt mille dollars. Je vendis ma marque à des Russes qui me roulèrent et je perdis beaucoup d'argent à la Bourse.

Pour me remettre à flot, je dus me procurer une seconde veuve Clicquot. Je ramenai de la Corrèze un autre Clicquot que je mariai avec la seconde des petites Mac Larinett. Deux mois et demi après cet hymen, nous faisions à Clicquot II des obsèques modestes mais convenables. Quelle famille, ces Mac Larinett !

Et puis, voilà, la manie matrimoniale

m'est venue. J'ai marié cinq petites Mac Larinett à cinq Clicquot, lesquels ont été « nettoyés » en beaucoup moins de temps qu'il n'en faut pour l'écrire. Il en reste encore une, la plus jeune et la plus jolie de toutes... Si le cœur t'en dit...

— Grand'merci.

Ainsi parla Dupaf, aussi tranquillement que s'il m'eût raconté la fondation de Phocée par une colonie grecque.

Je ne songeai pas une minute à m'indigner de ses procédés : c'était canaille, mais si ingénieux ! Dupaf et moi nous nous quittâmes le soir même. Il regagnait Paris, moi je passais l'été là-bas.

En octobre, quand je rentrai à Paris, un des premiers amis que je rencontrai fut précisément Jules Dupaf. Combien changé !

Maigri, amaigri, l'œil cave, le pas incertain, était-ce bien Dupaf ou si c'était son ombre ?

J'hésitais à le reconnaître : il vint au-devant de moi et me serrant la main :

— Comment va ?... Tu sais, il faudra venir nous voir... Je suis marié.

— Ah bah !

— Oui, j'ai épousé la dernière des petites Mac Larinett. Il ajouta avec un sourire faussement brave :

— Heureusement que je ne m'appelle pas Clicquot.

Et c'est alors seulement que je compris la parole de l'Ecclésiaste :

Celui qui a tué par le glaive périra par le glaive.

Pauvre Dupaf !

Nous l'enterrâmes le 2 novembre.

UNE EXCELLENTE AFFAIRE

A la suite de quelques cataclysmes financiers, et, notamment, depuis cette malheureuse histoire de Panama, qui fit quelque bruit, la petite épargne française est devenue méfiante.

L'aspect des meilleurs placements lui arrache des sourires de doute, et si feu Laurent Bart lui-même, le financier bien connu, revenait sur terre, peut-être bien que les araignées trouveraient le loisir de tisser ses guichets.

Il y a dans cette méfiance beaucoup d'exagération, car enfin, comme dit ma concierge, tout le monde ne sont pas des fripouilles, Dieu merci ! et ce n'est pas une raison parce qu'on a été fichu dedans une fois, pour ne plus jamais tomber sur une bonne affaire.

Ainsi, moi qui vous parle, je connais un véritable petit placement de père de famille, une mine d'or pour mieux dire.

Ne m'interrompez pas en m'accusant d'être du syndicat, je vous en supplie. Oui, je suis du syndicat, et je m'en vante ; je suis du syndicat comme vous, comme eux, comme tout le monde. Qu'est-ce qu'on ferait entre ses repas si on n'était pas du syndicat ?

Donc, voici l'affaire en question :

Bruxelles, vous ne l'ignorez pas, se modèle en tout sur Paris, sa grande sœur. C'est le pays de l'instar dans toute son intime essence.

Les deux gares principales de Bruxelles sont la gare du Midi et la gare du Nord. Chose étrange, la gare du Midi de Bruxelles correspond avec la gare du Nord de Paris. La logique voudrait que la gare du Nord belge correspondît avec notre P.-L.-M. Pas du tout, cette ligne conduit vers Anvers et Ostende.

Il y a là un petit défaut d'organisation que je signale à MM. les Administrateurs des lignes belges.

La gare du Luxembourg de Bruxelles fait pendant à celle qu'on construit en ce moment à Paris dans le jardin du Luxembourg pour remplacer l'ancienne gare de Sceaux.

Ces trois entreprises font d'excellentes affaires, le Belge étant d'une nature assez pérégrine.

On va moins loin qu'en France, à cause de la superficie plus restreinte de la Belgique, mais on y va souvent et, cela, à propos de bottes.

De cet état de choses, il est facile de déduire que si on créait à Bruxelles cinq nouvelles gares : Saint-Lazare, de l'Est, d'Orléans, Montparnasse et Vincennes, ces entreprises ne manqueraient pas d'obtenir le succès de leurs aînées.

N'a-t-on point remarqué, à Paris, que, plus on multiplie les moyens de locomotion, omnibus, tramways, etc., plus les voitures sont pleines ?

Donc, comme je l'ai dit plus haut, la *Société des nouvelles gares de Bruxelles* est un placement de père de famille, une affaire hors ligne.

Des démarches sont faites pour obtenir l'inscription à la cote officielle de la Bourse de Paris.

DE PLUS FORT EN PLUS FORT

J'ai rencontré ce matin un homme, jeune encore, qui me verse une somme annuelle de 600 francs à seule fin que je n'imprime point son nom dans les feuilles publiques, mais que nous désignerons néanmoins sous le sobriquet de *Captain Cap*.

Le Captain Cap est un esprit curieux en lequel semblent s'être incarnés le sens de la météorologie, le bien informé des choses de mer, le génie du turf (le tout sans préjudice pour un vif penchant aux boissons cosmopolites).

Ayant beaucoup voyagé, le Captain Cap a beaucoup retenu, des aperçus esthétiques australiens et des airs de gigue de San-Francisco.

Le Captain Cap est ce qu'on appelle *quelqu'un*.

Je ne me souviens pas, depuis que je le connais, avoir seulement passé cinq minutes avec lui sans un petit effarement nouveau, un rien quelquefois, mais toujours quelque chose (sans qu'un muscle de sa physionomie ne tressaille, d'ailleurs).

Donc, ce matin, nous nous trouvions à une terrasse d'un café des Champs-Elysées (nous allons beaucoup au café, le Captain Cap et moi).

Nul garçon pour nous servir.

Cap sort de sa poche un décime et en frappe le marbre de la table avec violence.

Cet appel demeure vain.

Froidement Cap remplace l'humble heurtoir cuivreux par une pièce de cent sous. Et voilà qu'il tape, qu'il tape, qu'il tape.

L'inquiétante torpeur du café ne se réveille pas d'une semelle.

Alors, le brave Captain Cap, qui veut avoir le dernier mot, et boire, enfin ! extrait de son portefeuille un billet de mille francs, dont il choque la table avec furie.

C'est seulement à cette intimation que le garçon se décide à se mettre à notre disposition.

UNE PETITE FEMME

BIEN MODERNE

Il y avait une fois une petite femme rudement gentille et qui avait oublié d'être bête, je vous en fiche mon billet.

Son mari, lui, était laid comme un pou, et bête comme un cochon.

Les sentiments que la petite femme nourrissait à l'égard de son mari n'auraient pas suffi (pour ce qui est de la température) à faire fondre seulement deux liards de beurre, cependant que lui se serait, pour sa petite femme, précipité dans les flammes ou dans l'eau, sur un signe d'icelle.

Des faits de telle nature sont, d'ailleurs, fréquemment constatables en maint ménage contemporain.

Cette gentille petite dame et ce vilain homme croupissaient dans une indigence fâcheuse. L'or ne foisonnait pas dans leur coffre-fort ; et même, ils n'avaient pas de coffre-fort.

L'homme, lui, s'en serait fichu pas mal, d'être pauvre — avec quatre sous de charcuterie et un veston d'alpaga, il se trouvait heureux — mais, pour sa jolie petite épouse, il souffrait de cette pauvreté et des voisins l'entendirent souvent répéter :

— Mon Dieu, c'est-y embêtant d'être aussi nécessiteux !

Pour toutes ressources, il avait une petite place de comptable dans une maison qui venait de se fonder pour l'importation générale du phylloxera dans le Nord de l'Espagne. (En liquidation, depuis.)

Si ses appointements atteignaient 1,800 ou 2,000, c'est tout le bout du monde.

Je ne vous connais pas, mais je voudrais voir la tête que vous feriez avec 2,000 francs par an, surtout si vous vous trouviez l'époux d'une petite femme se drapant plus volontiers de surah que de moleskine.

Heureusement qu'il était très bête — comme je l'ai dit plus haut — et qu'il coupait dans les racontars de sa gentille compagne.

— Combien, disait-elle, crois-tu que j'aie payé cette douzaine de chemises ?

— Dame, répondait notre imbécile en se grattant la tête, je ne sais pas trop, moi.

— Pas tant que ça, mon chéri ! Ça n'est pas croyable... Quarante-huit sous. Tu ne diras pas que je te ruine, hein ?

— Quarante-huit sous ? s'ahurissait-il !

— Oui, mon ami, quarante-huit sous ! C'est un laissé pour compte.

A dire le vrai, la petite femme exagérait encore, avec ses quarante-huit sous. Les chemises en question ne lui avaient pas coûté quarante-huit sous, ni même quarante sous, ni même vingt sous, ni même dix sous.

Pas même deux sous, pas même un sou !

Elles lui avaient coûté... mettons, un

sourire (à cause des jeunes filles qui nous écoutent).

Malgré la souvente répétition de ces sourires en ville, le dénûment du ménage augmentait dans de cruelles proportions.

Or, un jour que le dîner avait été plus maigre que d'habitude (ce qui n'est pas peu dire) la petite femme rentra dans la chambre de son mari, au moment où ce dernier se mettait au lit, et voici la conversation qui s'engagea entre eux :

(Imaginez-vous que la jolie petite dame profère ces mots d'une voix de fée, tandis que son mari rappelle par son timbre le son d'un trombone à coulisse qui aurait séjourné dans la Meuse depuis les déplorables événements de 70.)

— Dis donc, mon chéri... dit-elle en

passant ses menottes exquises dans les vilains cheveux de l'homme.

— Ma mignonne ?

— Tu ne sais pas ce que je viens de lire au cabinet, dans un vieux journal? (1)

— Quoi donc, ma belle chérie?

— L'histoire d'un homme, à Versailles, qui s'était fait assurer sur la vie, et qui a touché son assurance en montrant à la Compagnie un autre cadavre qu'il fit passer pour le sien.

— Et alors?

— Alors, l'homme a touché son assurance.

---

(1) Je demande aux lectrices pardon de l'impoétique trivialité de ce détail, mais lorsque, comme moi, on écrit pour la postérité, on s'abolit à tout jamais le droit de broder ou d'arranger les choses. Ne voyez en moi qu'un pâle esclave de la vérité (*lividus servus veritatis*).

— Oui, mais il a été pincé?

— Il a été pincé, parce que c'était un serin. Moi, j'ai imaginé un truc épatant pour ne pas être pincé.

— !!! ???

. . . .

A ce moment, ils soufflèrent la bougie et je n'entendis plus rien.

La petite femme débitait son idée tout bas, et l'homme n'objectait rien.

Bientôt, un bruit de baisers (mettons *de baisers*, à cause des jeunes filles qui continuent à nous écouter).

. . . .

Quelques semaines après les faits que je viens de relater, un homme était trouvé assassiné dans un wagon, sur la petite ligne d'intérêt local qui va de Dunkerque à Biarritz.

Les papiers qu'on trouva sur lui permirent d'établir son identité.

La jolie petite femme palpa, avec des sanglots convulsifs, les 200,000 francs de l'assurance.

Elle portait ce jour-là une toilette noire véritablement exquise et enbaumait le cosmydor.

Le soir même, elle jetait à la poste (*Etranger*) un mot ainsi conçu :

« Mon cher feu mari,

» Vous savez la frayeur que j'ai toujours
» éprouvée des revenants.

» Vous avez été gentil avec moi pendant
» votre vie : j'espère bien que vous ne
» m'embêterez pas après votre mort.

» D'ailleurs, le climat de Paris, si salu-

» taire à ma santé, est désastreux pour les
» trépassés de votre tempérament.

» Celle qui ne vous oubliera jamais.

» HÉLÈNE. »

. . . .

Sacrifiez-vous donc pour les femmes ?

FIN

TABLE DES MATIÈRES

Comme les autres 1
La question sociale. 7
Le tripoli 15
Café d'affaires. 27
Trop de kanguroos. 35
Doux souvenir 43
Feu 49
Il neigeait ou l'ostination (sic) d'un cycliste . . 55
Inconvénients du baudelairisme outrancé . . . 59
L'enfant de la balle. 63
Le réveil du 22 69
Quelques chiffres 75
Lapins de France et grenouilles belges. . . . 81
Poème morne. 87
L'excès en tout est un défaut 95
Une vraie perle 101
La science, aidée par l'ambition politique, produit
   des miracles. 111

TABLE DES MATIÈRES

Complet	115
Une hallucination	123
Un nouvel éclairage	129
Cruelle énigme	133
Une importante réforme	141
Dalle en pente	147
La fausse blasphématrice	159
Half and half	165
Essai sur une nouvelle division de la France	171
Le patron bon au fond	177
Reversibilité	183
Les Templiers	193
Histoire du petit Stephen Girard	203
Posthume	209
Léon Gandillot	217
Chez Edison	229
Toto au Luxembourg	235
Un miracle de l'amour	245
Fabrique de veuves	251
Une excellente affaire	263
De plus en plus fort	269
Une petite femme bien moderne	273

ÉMILE COLIN — IMPRIMERIE DE LAGNY

Original en couleur
NF Z 43-120-8

www.ingramcontent.com/pod-product-compliance
Lightning Source LLC
Chambersburg PA
CBHW070745170426
43200CB00007B/659